自然資本經濟學

建立與自然共好的商業模式與創新解方

The CASE for Nature

Pioneering Solutions for the Other Planetary Crisis

希達斯・施里坎特 Siddarth Shrikanth 著
賴彥如 譯

致這條道路上的前輩們——我的父親Shrikanth、他的母親Savitri、她的父親Thirumurthi。他們對自然不渝的愛，始終活在我的生命裡。

目錄

第一章
為何談自然？為何現在談？

我們右手邊是一條雨季才會出現的河流，正對岸有一片娑羅樹森林，林下的蟬音唧唧不絕，只有四聲杜鵑（Indian cuckoo）高亢的鳴叫偶爾打斷蟬聲。就在我們此刻所在幾分鐘的路程之外，我們發現了這個地區新生代的霸氣雄虎尼拉納拉（Neela Nala），牠昂首闊步跨過一片空地，標記著牠的領土，斑軸鹿在牠身後四散逃離。

河的這一側又是完全不同的景觀：片片稻田間，點綴著貢德（Gond）和拜加（Baiga）部落典型色彩斑斕的泥土和紅土房屋。對比起來，停放在周圍的拖拉機和閃亮亮的摩托車，代表印度農村大部分地區最近的繁榮，雖說還在起步階段。

數十年前，這兩邊的景象或許還難以區辨，到了二〇〇二年卻是天差地別。大名鼎鼎的坎哈國家公園（Kanha national park）的「核心」區域位在河的對面，大部分都還保有原始狀態，國家公園裡的盜獵壓力減輕之後，此區的老虎數量又回升了。

真正的挑戰在我們左側，所謂的「緩衝」區域。把部落村莊遷離國家公園所遺留下的問題，再加上印度最近的經濟成長，導致過往通到遠處老虎保護區的森林廊道，已經被稻田和道路給取代。中印度高原（Central Indian Highlands）上原本廣闊相連的自然生態系，在地貌日益受到人類影響的情況下，變得只剩下一些零零星星的野生動物保護區。

一個星期後，我在印尼中部遇到了類似的情景。我在科莫多國家公園（Komodo National Park）連續幾次體驗了振奮人心的放流潛水，跟鬼蝠魟和鯊魚共游，從海裡上來之後，我看到一個令人難過的景象：一隻五英尺長的巨蜥正小心翼翼地踩過每天被沖上科莫多島（Komodo island）海岸的瓶蓋和塑膠袋。從空中俯瞰，薩佩海峽（Sape Strait）上草木蒼翠、受保護的島嶼跟拉布安巴佐（Labuan Bajo）繁榮的城鎮形成鮮明的對比，僅僅幾年前，拉布安巴佐所在的地方還是弗洛勒斯島（Flores）西端茂密的森林，如今混凝土卻由此向外輻射。

坎哈和科莫多國家公園都是二十世紀早期環境保護主義（environmentalism）

科莫多國家公園，現今裡頭出現越來越多農業地景。

浪潮下的成功故事，也是堡壘式保育（fortress-style conservation）的典範，其哲學在於定義出保護區，積極保護該區域，通常也包含排除其中的人為影響。但由於周邊的經濟壓力日益增長，兩個國家公園現在都觸及了堡壘式保育所能達到的極限。即便核心區域仍然受到很好的保護，各式基礎設施建設、農業、林木採伐和各種形式的汙染卻正在侵蝕它們更廣泛的生態系統。在氣候危機不斷升級的背景下，全球逐漸將重點轉向解決溫室氣體排放，儘管出發點很好，這兩個國家公園的問題卻很可能因此遭到忽視。但是，對地球上每一個人來說，我們正在陷入的生物多樣性危機同樣迫在眉梢。印度和印尼並不孤單，大家努力想方設法，試圖平衡經濟發展和保育，想要在滿足人民需求的同時，盡可能為自然留出空間。

正是因為顧慮這些地方複雜的在地動力，以及其中種種優先事項的競爭關係，我著手寫這本書來為自然發聲，所主張的論點既要符合理智，又要能觸動內心，為我們提供一條激進、充滿希望又務實的前進道路，讓地球得以再生，同時也復甦我們的經濟和社會。

我想提出的核心觀點，涵蓋了一系列與「自然資本」（natural capital）概念相關的理念和新興發展。這種說法的基本原理是，自然世界本身是「無價的」

一隻科莫多巨蜥吃力地爬過每天被沖上島嶼海岸的塑料廢棄物。

（priceless），但這並不表示它沒有「價值」（value）。我們都很熟悉金融資本（financial capital）、人力資本（human capital）和社會資本（social capital）。自然資本只是一個框架，讓我們認識自己從自然世界所獲取的一小部分的價值：我們的自然「資產」（assets），如森林和海洋，可以提供各種代表經濟和社會利益的「生態系服務」（ecosystem services）。這些服務既包含可以感知的事物，如乾淨的空氣和水、碳儲存、肥沃的土壤和授粉作用，也涵蓋與之相輔相成的無形文化跟精神價值。如果我們要履行保護和修復地球的使命，就不能再把大自然視為一個偶爾享受的遙遠奇蹟，享用完又退回現代化的世界：自然資本從根本層面支撐著我們的幸福安康，值得在經濟架構中占據核心地位。

危機一波接一波，經濟因此動盪不安，有時候我們會覺得唯一的選擇就是得撕毀當前的體系，砍掉重練，擁抱棄成長（degrowth）思維或大幅削減市場經濟。但「市場」是一種社會建構，多半以狹隘的財務目標為導向。隨著時間不斷流逝，我認為我們需要加倍努力將自然的價值納入現有的體系中，此體系的優點，在於許多面向都有長足進步，也改善了很多人的生活水準，但明顯在環境破壞這方面做得太過頭了。

如果我們對抗氣候變遷的目標是要達成淨零碳排放，那麼這本書提出了一些方法，幫助我們轉向「自然正成長」（nature-positive）的經濟：這種經濟可以扭轉生物多樣性喪失的全球趨勢，開始恢復生態系統和管理這些系統的社區。此願景也不是什麼新鮮事。我們曾經創造出這種經濟，現在我們可以重新塑造它。

我們可以從換個角度看自然開始。我希望這本書中的觀點能讓你跟我一樣，相信保護和恢復自然不僅符合我們的經濟利益，從道德和精神層面來看也是正確之舉；自然需要跟我們的社會緊密結合，借鑑各種原住民世界觀帶來的啟發，而不是故步自封在堡壘之中。

雖然這本書的重點在於我們能獲得什麼以及如何獲得，而非我們已經失去了什麼，但生態系統崩壞的基本事實也是不容否認的。從船隻載運造成的全球物種交換，到排放進大氣層中的三千七百五十噸二氧化碳，我們迫使地球服從我們的意志，使其發生不可逆轉的改變。在陸地上和海洋裡，隨著我們不斷擴張、榨取、輸出和排放，生物多樣性正在崩潰。我們已經導致全球三分之一的森林消失，眾多物種隨之滅絕。從渡渡鳥到台灣雲豹，世界上許多消失的動植物現在只能在珍奇物品展櫃中找到，這還不包括眾多瀕臨絕種的物種，如黑猩猩、黑犀牛、亞洲獅和白鱀豚（Yangtze River dolphin）。我們的自然世界達到前所未有的溫順程度：地球上現在百分之九十六的哺乳動物數量都由人類和人類的牲口占據，而在人類文明最初的五千多年裡，這個數字幾乎沒有超過百分之二。大規模商業捕魚授權我們掠奪海洋，導致曾經繁盛的物種空前減少；全球近九成的魚類資源被過度捕撈或面臨枯竭。就算我們對深海的認識還比不上對月球了解，當拖網漁船的漁網拖過海床時，還是能夠從海底生物的狀態感受到人類造成的影響。即便我們早就意識到危險，農業徑流、工業廢棄物和溢油汙染依然繼續湧入我們的海洋和水道，造成物種大規模死亡，有毒化合物持續積累。塑膠汙染也進入了海洋，一個相當於法國面積三倍大小的塑膠廢棄物漩渦，正在太平洋上翻滾、纏繞並毒害著海洋生物。地球的生物圈從未如此不成比例地受到單一物種的影響。

這一切都發生在氣候迅速變遷和暖化的背景下。二〇二〇年是有史以來最炎熱的一年，全球氣溫比工業革命前還高出攝氏一．三度。[1]就在過去幾年裡，史無前例的野火燒毀了加州、澳洲、印尼、歐洲甚至西伯利亞的廣大地域；強風暴雨在加勒比海和印度洋—太平洋海域都造成了嚴重的破壞。巴基斯坦遭遇史上最嚴重的洪災，中國旱災頻發，非洲之角饑荒肆虐。就算最不關心世界大事的人，也不會對這些情況感到陌生，但很少人能像大衛・華勒斯─威爾斯（David Wallace-Wells）在他的著作《氣候緊急時代來了》（*The Uninhabitable Earth*）中說得那樣一針見血。

他反駁我們已經進入「新常態」的說法，書中寫道：「實際情況要比大多數人以為的可怕多了……也就是說，常態已經結束，不會再有任何常態了。我們已經脫離當初讓人類這種生物可以透過演化去適應環境的狀態……。曾經孕育我們和所有人類文化和文明的氣候系統，就像離去的父母一樣，已不復存在。」[2]但我們也不好指責華勒斯─威爾斯過於悲觀。他的基本觀點完全正確；我們現今的處境，確實與氣候模型預測的一致。

「這是你一生中最炎熱的夏天，也是你餘生中最寒冷的夏天」，一張廣為流傳的迷因圖如此宣稱。像這種時候，黑色幽默可能是保持體面的最後一招，但我相信，即使機會渺茫，我們仍有理由保持謹慎樂觀。在氣候變化方面，自二〇一五年《巴黎氣候協定》（Paris Climate Accords）簽署以來，各國政府和企業應對碳排挑戰的方式發生了一系列重要的變化，態度上和具體行動上皆然。許多國家的政府已經承諾在二〇五〇年左右實現淨零排放——這一承諾包括大幅減少排放（關閉排放源），還有擴大以自然和工程手段進行碳移除的規模（把大氣浴缸排乾）。根據目前的政策，到本世紀末之前，我們的氣溫將維持在比工業革命之前高約攝氏二．七度——還是很災難，但已經比巴黎協定之前幾乎篤定的四度低得多了。[3]光這一點就足以給人希望，就如華勒斯─威爾斯所指出的：一個升溫四度或六度的世界，就其社會崩潰程度而言，比起升溫兩度左右的世界肯定是糟糕到難以想像。

當然，我們需要更加努力，把升溫控制在一．五或兩度以內，而且，從俄羅斯入侵烏克蘭引發的能源市場問題，到氣候懷疑論者（climate deniers）和自由市場基本教義派當選要職，就這些事情看起來，我們似乎一直在倒退。但至少在減碳方面，我們遲來的進展正在加速當中。

可惜同樣的進展不能適用於生物多樣性危機。二〇一五年巴黎或二〇二一年格拉斯哥的年度聯合國氣候峰會（COP）受到各方廣泛關注，卻很少人意識到還有另一個類似的生物多樣性大會一直在蹣跚前行，上一次會議原定二〇二〇年在中國昆明舉行，但延期了兩次，感覺幾乎也沒有什麼人注意到。兩者截然不同的命運背後，有一個共同的源起：《聯合國氣候變遷綱要公約》（UN Framework Convention on Climate Change）和《生物多樣性公約》（Convention on Biological

Diversity）都是在一九九二年里約地球高峰會（Rio Earth Summit）上醞釀的，當時這場高峰會被宣傳成拯救世界的會議。

三十年過去了，人們仍然需要更進一步意識到，生物多樣性和氣候危機彼此密切關聯。如果不解決目前占全球碳排放量五分之一的農業和森林砍伐問題、不恢復能夠吸存數十億噸碳來扭轉暖化的天然碳匯（森林、濕地、泥炭地等），就無法應對氣候變遷；氣候變遷反過來又加速了地球生物多樣性的崩潰，因為各地的物種都得努力適應氣候的變化。

不過，自里約會議之後，企業和政府開始緩慢但明確地設定淨零排放目標、投資可再生能源，並且大膽接納與氣候相關的新技術，脫碳（decarbonisation）議程在這些年來已經穩步領先於生物多樣性議程。很多同儕現在將事業重心轉向應對氣候危機，我對此感到振奮。克里斯蒂安娜・菲格雷斯（Christiana Figueres）是《聯合國氣候變遷綱要公約》的前執行祕書，也可以說是世界上最傑出的氣候談判代表，她多年領導外交活動，最終在二〇一五年達成了《巴黎氣候協定》。在我採訪她時，她承認在她面對氣候挑戰的這二十多年工作生涯裡，氣候相關職業的數量激增。她表示：「以前從事氣候工作的每個人我都認識，但今昔不同往日了。這是一件很美妙的事……每一代新人進來都會帶來新的技能、新的觀點、新的能力，來應對如此複雜的問題。我很開心有這麼多新血投身氣候議題，尤其這麼多年輕人。」

但我選擇把這本書的重點放在「自然」上，部分原因是我注意到我周圍的人——也就是在商業、科技或政策領域的現任領導者，或即將成為領導者的這些人——終於意識到能源氣候的挑戰，但對生物多樣性危機的程度和重要性卻一無所知。這絕不是因為他們缺乏興趣；如果說氣候變遷現在是我們事業的基本元素，那麼自然仍然是我們最真摯的熱情之所在。當我談到自己對大自然有多熱愛時，我的同儕和同事們總會不約而同地眼神一亮，「我也喜歡大自然……我在〔某某國家公園、森林或潛點〕度過了美好的時光。」我一次又一次聽到這樣的話。我們會互相分享潛水和健行的經驗，會談論漫步在綠地時總能感受到的平靜。

在我看來，這就是自然保育運動留下最主要的正面影響，激勵著一代代人帶著驚奇和善意的眼光看待自然。這個運動的確取得了卓越的策略成就，典型案例當屬世界各地在二十世紀內相繼建立了像坎哈和科莫多這樣的國家公園（雖然常牽涉到暴力驅離原住民——這個主題我們會再回頭來談），以及成功保護了少數魅力物種。人類對自然界難以自拔的愛，已經轉化為一股強調倫理的有力保護論點。用刻意簡化的語言來描述的話，這種邏輯相當清晰，乍聽也很有說服力：我們應該劃出一些區域，讓植物和動物繁衍生息，也供我們參觀跟讚嘆，同時我們的經濟和社會還是繼續朝向現代化邁進。

怪不得在許多這類對話中，說到自然時，都是跟現代經濟人（Homo economicus）生活分開來看的，尤其跟都市生活有別。當我提出「重視自然、投資自然」可能也是一種理性務實的觀點時，通常對話的人會投來困惑的目光，因為到目前為止，他們已經建立起了這樣的連結：不斷升高的氣候危機，會對我們的經濟和社會造成直接切實的威脅。他們堅信採取氣候行動符合我們的經濟利益，甚至對個人私利有好處。在里約和巴黎會議之後的幾年裡，這些論點促成了一連串新的淨零碳排放承諾，伴隨而來的是數十億的投資。

每一次這類談話，都讓我認知到集體的失誤：我們未能傳達這種「其他」危機的急迫性、未能使自然從「可有可無」的範疇中脫穎而出，將其堅定地置於存在問題（existential questions）的領域之中。為了在第一波環保意識的基礎上更進一步，我越來越清楚，我們必須為自然提出更寬廣、更深刻的論點；將「自然資本」及同樣被忽視的「人力資本」，提升到與我們熟知的金融資本同等重要的地位。

「在能源領域，已經具備行之有年的強大商業模式……現在也有相應的市場邏輯，來搭配可營利的商業模式。」菲格雷斯解釋說，「跟能源解方（energy-based solutions）相比，自然解方（nature-based solutions）的問題在於沒有商業模式，因為我們還沒有針對步行碳、飛行碳、游動碳或生長碳的評估方法商定出共識。」

總之，這本書不是一本關於能源與氣候挑戰的書，因為從經濟角度來闡述氣候挑戰已經說得很多。在接下來的章節中，我在探討氣候危機與自然價值之間的許多關聯時，還是會特別說明自然這一塊，以闡明正在飛行、生長或游動的生物體，最後是以什麼樣的嶄新方式來被估價。在極少數情況下，淨零排放跟打造自然正成長的經濟會發生衝突——例如在生態敏感地區挖礦或佈設輸電線路——我希望幫雙邊都說句公道話，如此才能坦誠地討論，並且光明正大解決需要權衡的問題。

里約會議召開的前幾年，一位發言者在聯合國組織的公聽會上發出了如下警告，其言詞今日聽來仍跟一九八五年一樣迫切犀利：「你很少談論生命，關於生存卻談得太多。重點是要記住，當生命這種選擇結束時，生存這類選擇就開始了。在巴西，特別是亞馬遜地區，有些民族仍然活出生命……他們不願意屈降到生存的地步。」[4]

即使我們看似有望透過地球工程擺脫全球變暖的狀態，同時解決自然界的大規模滅絕問題（實際上是不可能的），這些話仍猶如當頭棒喝。因為那樣的結果只會讓我們得以生存，而非活出生命。應對氣候變遷的理由，是要確保人類能夠生存；而保護自然的理由，說到底，是要相互支持，為我們留住一個充滿生命力的星球，值得你我為之而活。

本書書名的陳述特質掩蓋了某種複雜性，其實要談論自然有好幾種觀點。幾十年來，比我更有資歷的學者已經探討了保護自然的「經濟」論據和「自然資本」的觀念；幾個世紀以來，倡議者和藝術家提出自然的「內在」（intrinsic）價值；幾千年來，精神傳統可以說一直在呼籲關乎自然的更高理想。但這些觀點長期以來都被視為各自獨立，甚至某種程度上互相衝突，實際上，是所有的觀點一起共同構成了強有力且不可分割的自然命題。

自二〇二〇年我開始為本書進行研究以來，自己的想法當然也產生了變化。我一開始就假定，關於內在價值的論點已經談得夠清楚了，我判斷它們的受眾範圍很廣，人們對觀念的接納度也越來越高——這或許反映了我無論生活和工作，都處在一個注重環境的舒適圈裡。透過千百次的對話，包括跟反對我觀點的人交談，我的想法改變了：我開始認為，無論是經濟動機還是內在動機，都應該得到更多的關注。

坦白說，對我而言，內在價值這個理由，本身就已經足夠有力量。我生長在印度一個重視保育的家庭，在這種文化的薰陶下，珍視自然對我來說是理所當然，希望盡量減少生態的苦難。我的祖母和父親常年在動物慈善機構藍十字會（Blue Cross）當志工，照顧受傷的動物恢復健康；我母親後來憑藉對野生動物攝影的熱情，找到屬於她的保育之路。為本書進行研究工作的過程中，我經常獲得這樣的提醒：培養對自然的愛與尊重，甚至與自然世界建立一種精神關係，是非常必要的，更具有互補支持的效果。其他人也藉由寫作、影像創作和學術研究，有力地證實了這個觀點。

說了這麼多，接下來大部分的內容還是聚焦在自然的經濟論點上。

舉例來說，即使在我身處的綠色圈子裡，或許你的圈子也是，這套論點至今還是沒有被充分理解。數十年來，研究人員和從業者一直在努力認識自然對人類身心健康的價值，但自然資本背後的理念，很偶爾才會從學術界和非政府組織的世界裡，躍進到日常用語中。比如最近人們對自然氣候解決方案（natural climate solutions）突然很感興趣，但在談及這些事的時候，通常還是抱著狹隘的觀點來看待自然的效用（比如想要透過種樹來減少碳汙染）。我希望匯集一系列商業案例，用淺顯易懂、不賣弄行話的語言來描述它們，讓自然資本成為一個生動的整體概念，而且這個整體大於其各部分的總合。

我也感到一種無法擺脫的急迫感。工業化世界在經過幾個世紀的掠奪之後，如今呈現在當代人和後代面前的，是一片荒蕪到岌岌可危的陸海景觀。但對發展中國家來說，任務其實更加緊迫：像印度、印尼這樣人口不斷增長的國家，人們想當然爾懷抱著經濟夢。要求城市裡的富裕消費者為自然友善商品多付點錢固然很好，但若期望生活在自然地景中的社區（通常也是這些自然地景的管理者）放棄讓他們獲致繁榮的資源途徑，卻又沒有針對他們的立場提出更好的方法，又完全是另一回事。倘若他們被迫走上西方國家的老路，在幾十年後，當老虎和科莫多巨蜥成為遙遠的回憶時，才姍姍來遲地贖罪，那將是何等的悲劇啊！如果農作物產量下降、史無前例的大洪水和日益頻繁的野火已經成了這些國家不容忽視的警示訊號，那麼就應該多關注那些碰巧能產生經濟效益的修復模型，現在，立刻，馬上。

呼籲關注自然的理由都相對新穎，卻又十足緊迫，不過除了前述原因之外，令寫作這本書的過程更愉快的，是我作為這個領域的學生、創業者和投資人，一路上見證科技和金融創新帶來諸多新的可能。如你所見，我們現在能夠以不可思議的準確度來監測生態系統，因此創造出信任和透明感，這正是所有良好市場的基礎。我們正在重塑大規模金融交易的工具，將資金引導到保護和修復方面，而不是造成破壞。藉由這些創新，投資大自然以獲得經濟和社會回報成為可能。雖然並非所有創新都能取得規模效益，但沿途遇見的活力幹勁和充滿才能的人，給了我無窮希望。這次感覺不一樣了。

＊＊＊

接下來的章節中，我們將深入探討許多令人眼睛一亮的案例，一窺這種自然的經濟迫切性如何在真實生活中發生。我們會看到哥倫比亞的紅樹林沼澤如何因其碳服務受到重視，幫助我們應對氣候變遷；斐濟社區如何透過永續生態旅遊來保護海洋生物；英國和其他地方的農民如何示範讓土壤和生態系恢復健康，因而帶來糧食安全和確保生計；全球各地的城市又是如何藉由引入自然，使自身變得更安全、更涼爽、更宜居，而非將自然排除在外。

過去，當崇高理想要被轉化為實際的商業模型，來估量自然的貢獻時，努力可能就會觸礁。今天，我們有優異的工具在手，可以輕鬆應對這一挑戰；現在自然資本的理論也有了，我們還會探索技術和金融方面的促成因素，因為它們為新的環境市場帶來信任感和更大的規模。

我沒有試圖像教科書那樣列出一份完整的全球案例清單。我有幸能抓到機會寫作，一路上不斷學習，每次採訪和實地考察都會帶來更多的引薦跟機緣。有些章節適合透過（我自己的）個人經驗來審視，比如關於生態旅遊的篇章；還有一些章節，比如關於碳市場的部分，就需要深入科學和技術的細節。在每一章中，我都嘗試凸顯時下跟各種做法相關的辯論具有哪些不同面向，並提出自己的觀點。

我也應該一開始就澄清，我所說的「經濟」或「商業」理由並非企業的專利，如我們所見，政府也可以代表其公民對大自然進行投資，而且確實也這麼做了，一般還會將大量出現的公共財免費提供給人民。這邊關鍵不在於私人利益，而在於經濟邏輯——無論情勢怎麼發展，此等邏輯都是推進我們的經濟和社會的動力。在這樣的世界裡，我仍然堅信，如果我們要避免讓動植物限縮在現代經濟邊緣一小片持續縮減的保護區中（這樣實際上跟博物館的擺設沒什麼兩樣），那麼自然就應該在金融領域占有一席之地。

但經濟邏輯的應用性再廣泛，能幫的也有極限；每個案例都建立在一系列深層的內在動機之上，希望能夠讓我們長期受苦受難的星球恢復元氣。也許最能引發我反思和學習的章節，是原住民看待自然的觀點那一章。關於原住民文化所蘊藏的深厚智慧，我只是略知皮毛而已，卻也開始意識到，要解決生物多樣性和氣候危機，就必須重新認識我們與地球的關係。這個研究過程引導我重新思考整本書的架構，因為我意識到，這種以深時間（deep time）[1]為根基的自然精神論證，是更廣泛的自然論證中一個重要卻又被嚴重忽略的部分。我衷心希望我有做到公道的評價，但仍對自己在認知和語言上的侷限感到自慚形穢，畢竟這些論點都是西方範型的產物。

當你探索這本書中的一系列案例時，我鼓勵你形成自己的觀點並檢驗它們。例如，在讀完這本書的時候，你可能會更相信再生農業回歸本質的潛力，而不是碳市場的長期健全性；你可能會更看好科技的力量，而不是期待金融創新來實現這些轉變。總的來說，我相信每一種方法都有潛力，但我鼓勵你把這些方法和潛力當作對所有可能性的一種了解，對你從這本書或其他地方讀到的一切保持健康的懷疑態度，透過其他書籍、論文和紀錄片繼續探索這些主題，最終形成自己的看法。無論你得出什麼結論，我都希望你最後會懂得更多、感覺更有希望，也更有動力以自己的方式為自然辯護。

我問克里斯蒂安娜・菲格雷斯，是什麼原因讓她抱持著「頑固樂觀」的態度，相信我們能夠應對這場自己製造出來的緊急情況。「即便我們做出愚蠢的行為，自然仍具有不可思議的韌性，是這點讓我看到希望。只要我們排除加給自然的壓力，她就會迅速復甦。」她說話時散發著特有的洞察力，回顧她的家鄉哥斯大黎加如何因為野生動物數量回升，逆轉了森林砍伐的趨勢，又發展出蓬勃的自然觀光經濟。「實在太不可思議了，大自然完全可以早早就認定我們是白癡，她不要再容忍我們

①譯註：「深時間」是一個地質時間概念，以對地層堆疊和事件的空間規模等觀察，來理解塑造我們星球地質事件的時間尺度。這一尺度之巨大，甚至挑戰人類的理解極限。此概念以地質史的尺度來重新衡量時間與我們的關係。「深時間」一詞通常被認為是由美國作家約翰・麥克菲（John McPhee）在一九八一年的著作《盆地與山脈》（*Basin and Range*）中首次提出，其概念源自英國地質學家詹姆斯・赫頓（James Hutton）的「均變論」（Uniformitarianism）。

了。但她還這麼堅忍不拔，真的是慷慨到不行。」

的確如此。在為本書進行研究的兩年期間，我發現了更多值得樂觀的理由，是我當初啟程時還無法想像的。我很高興能跟大家分享。一起來一探究竟吧！

第二章
氣候戰爭中的自然盟友

「Qué más（西語：還好嗎）？」瓊恩（Jhon）問道，一邊在引擎聲中彈了個響指。「你的魂也被謝納加市（Ciénaga）的魔力勾走了嗎？」今天接待我的東道主駕駛著我們的小船，穿過波光粼粼的海面時，我承認自己陷入了沉思。我們航行在哥倫比亞迷人的加勒比海海岸，正加速進入一片廣闊的溼地，極目遠眺，水天一色。我的思緒天馬行空，回想著這個國家裡各種奇妙的生態系統，這些生態系統使得哥倫比亞成為每位自然愛好者的夢想之地。

哥倫比亞位於美洲的十字路口，其內鬱鬱蔥蔥的熱帶森林構成了亞馬遜雨林的西側。比較不為人所知的是哥倫比亞安地斯山脈高地上，迎風而立、生態多樣性豐富的帕拉莫草原（Páramo grasslands）。普魯士偉大的通才博物學家亞歷山大・馮・洪堡德（Alexander von Humboldt）在提到這個生態系統時曾寫道：「以植物地理學來說，也許再也找不到哪裡能在這麼小的地域內，擁有如此美麗、如此非凡的產物集合。」帕拉莫草原上超過八成的物種都是當地特有的，地球上其他地方都看不到。

我現在來到烈日下的北部海岸，山川和大海在此相接，雲霧森林幾英里之外就是白沙灘。這裡也是馬格達萊納河（Magdalena）流速減慢的地方，然後開展成一片廣闊的濕地、沼澤和紅樹林。這條奔流不息的河川貫穿全國，從前哥倫布時期起就塑造了哥倫比亞的歷史。

我來到此地是為了瞭解這些 *ciénagas*，即所謂的沼澤地，如何在利用碳市場資助自然保護和復育工作的這一新嘗試中扮演要角。

紅樹林濕地具有極高的碳含量：除了提供防洪和眾多其他生態系統的效益外，其濕潤的土壤和樹木能固定大量的碳元素。然而，紅樹林所占據的沿海土地通常極受青睞，難怪它們在世界各地都飽受開發的摧殘，哥倫比亞的加勒比海沿岸也不例外。

正如加拿大人類學家韋德．戴維斯（Wade Davis）在《馬格達萊納河》（*Magdalena*）一書中所寫，就在兩代人之前，這些加勒比海濕地還是開口向大海的；河口水域充滿生機，海牛和美洲虎也不罕見。這本書以哥倫比亞最大河流為視角，描繪了這個國家的歷史，頗具開創性，非常值得一讀。許多種魚類在紅樹林中產卵，先躲藏在紅樹林的樹根下，之後再進入更開闊的水域，為像瓊恩的祖先這樣的漁民提供豐富的漁獲。

後來，資本主義和集權主義令哥倫比亞陷入糟糕的局面，基礎設施開發、密集的農業和伐木業逐漸侵蝕了紅樹林。在西邊的西斯帕塔（Cispata）地區，曾經茂密的紅樹林長期以來遭受嚴重的破壞。但當我沿著海岸公路向東開往聖瑪爾塔（Santa Marta）去跟瓊恩會面時，我注意到這些生態系統出問題的一個非常明顯的跡象。經過巴蘭幾亞（Barranquilla）後，公路變成了一條雙車道的柏油路，底下似乎是沙洲，兩側則是一望無際的水域。左邊當然是波光湛藍的加勒比海，但右邊是聖瑪爾塔大沼澤（Ciénaga Grande de Santa Marta）——最大的*ciénagas*（西語：沼澤地）——被公路阻隔，無法連通到海洋。

這條公路建於一九五〇年代，將一個開放的潮間帶生態系變成了一個封閉的湖泊。香蕉園隨後抽取了大量淡水，導致數萬公頃的紅樹林逐漸枯萎。公路後來修建的排水管對於水的自然流動幫助不大，魚類數量幾十年來持續下降。希望的曙光出現在一九九〇年代末，當時一場傾盆大雨淹沒了上游的水壩，順勢恢復了部分濕地，但跟往日的輝煌比起來還差得很遠。

不過，即使是遭到破壞的 *Ciénaga*，也依然美不勝收，放眼看去無窮無盡。一小時後，我們抵達了位於濕地深處的兩個高腳屋村莊，布埃納維斯塔（Buenavista）和努瓦．維內西亞（Nueva Venecia）。迎接我們的是這個地區著名的滾比亞（cumbia）音樂，以及一位名叫澤尼特（Zenit）的 *mamo*（女族長）①，她還記得這個地區過往的樣子。

「我小時候，水裡還有很多魚，只要把手伸到 *ciénaga* 裡，午餐就有著落了！現在我們的一切都還是紅樹林給的。」她說道，一邊指了指她家的地板和廚房裡的魚。「我很想看到它們恢復到我們年輕時的樣子，但需要有人為此付出代價！還有，你不能因為我們企圖靠任何方式生存下去就責怪我們。」政府推動復育的計畫產生了一些效果，但這些計畫仍然長期處於資金不足的狀態。

幾乎人人都同意，像這樣珍貴的濕地對於當地社區、保育工作和整體氣候都至關重要。財政困難的國家和地方政府大多時候力有未逮。私有地主（如果有的話）通常會對這種海景第一排的地產有其他用途的考量。雖說許多當地人和原住民都是這些生態系統的管理者，但憑什麼責怪他們靠土地謀生呢？

現在，碳市場終於開始重視這些紅樹林提供的一種生態系服務：紅樹林能夠儲存碳並穩定氣候。在訪問過西斯帕塔世界上第一個「藍碳」（blue carbon）計畫，以及面積更大的聖瑪爾塔大沼澤之後，我希望親自看到碳市場已經為前者做了什麼，以及它們對後者的承諾又是什麼。

我們將會發現，碳市場並不完美，但它們代表了一個真實且日益可行的切入點，用來支付相關費用，以保護和復育紅樹林濕地（像我那天早上發現自己身處的那片濕地）以及我們不能失去的森林和草原。全球企業和政府的碳金融如果操作得當，可以為像澤尼特所屬的這類在地社區創造與自然共好的生計活動，他們渴望管理這些景觀，也願意投入去做，但理所當然希望為自己的勞動要求經濟上的回報。

自然氣候解決方案（natural climate solutions），是指能夠運用自然界非凡的力量來穩定氣候的方法。研究估計，恢復自然生態系統有助於吸收現在到二〇五〇年

① 譯註：在哥倫比亞的原住民部落阿瓦卡（Arhuaca）文化中，mamo 是對捍衛自然的精神領袖的稱謂。

全球預計淨排放量的三分之一[1]，這個遠大目標的前提是，全球陸地和海洋碳匯每年都吸收超過兩百億噸的碳，而且能夠永久維持服務。[2]若不是地球本身具有調節能力來保護我們免受排放量不斷上升的衝擊，氣候危機將會更加嚴重。

然而，數千年的人類活動已經讓自然世界日漸衰敗。考古學家發現，人類從事狩獵、採集和農耕，早在三千年前就已經開始改變地球。[3]隨著殖民主義和工業革命到來，這種趨勢急遽加速；如今，世界自然基金會（WWF）估計，全球只有四分之一的陸地基本上沒有受到人類影響，若當前的趨勢繼續下去，到二〇五〇年這個數字將縮減到一成。[4]如果我們想要保護地球，擴大地球固有的儲碳和調節全球氣候的能力，就必須扭轉這些趨勢，想辦法恢復自然。

你可能會認為這種復育潛力僅限於哥倫比亞這類熱帶地區，會這樣想也情有可原，實際上卻大錯特錯。真要說的話，北美和歐洲的生態系統比地球上其他任何地方都更遠離自身古早、野生的狀態。雖然這些地區的破壞發生得更早、更全面，但它們作為天然碳匯依然大有可為，這樣的事實不該被抹煞。

復育自然的想法固然很好，但長遠來看，運用科技來進行碳捕集（carbon capture）不是更安全、某種程度上也更簡單的選擇嗎？碳吸收可以有多種形式，科技解決方案（technological solutions）確實可以維持得更久——碳一旦儲存在地質內，在數百或數千年都不太可能再被釋放出來。

越來越多的工程解決方案正在崛起，包括直接從大氣中提取碳的「直接空氣捕集機」（direct-air-capture machines），另外也有依靠地質過程的方法，例如利用碎石風化，與大氣中的二氧化碳發生化學反應來捕捉碳。還有一些混合解決方案是運用天然生物質（如廢木材），以熱裂解科技，轉化為穩定且長效的碳，形式可以是生物炭（biochar）或生物油（bio-oil）。

不過，雖說研究人員和新創企業正在研究各式各樣的科技解決方案，但距離這些解方被廣泛運用還有很長的路要走。「直接空氣碳捕集」、「增強岩石風化」等技術的成本高得嚇人，去除每噸二氧化碳的成本高達五百至一千美元。儘管已經捕獲了幾千噸的碳，也支付了費用，但這些解方遠未達到我們所需的數十億噸級的規模。現在投資這項技術，將成本降低到也許每噸一百美元的可控程度，符合我們所有人的利益。

各種不同的創新方案都有助於啟動這個市場，比如像Stripe②等公司提前承諾購買高成本的碳去除技術，到美國《二〇二二通貨膨脹削減法案》（Inflation

Reduction Act of 二〇二二）中慷慨的稅收抵免都有幫助。但要獲致更低的成本和更大的產量，我們至少還需要十年，甚至二十年的時間。最好的例子，莫過於從事「直接空氣捕集」的領頭公司 Climeworks 為自己設定了雄心勃勃的挑戰目標，打算在二〇三〇年要捕集一百萬噸碳。二〇二二年該公司在冰島的第一家工廠每年可捕獲四千噸碳，要實現一百萬噸碳的目標，需要投入數十億美元的投資和一系列工程上的突破。

雖然我們很容易覺得技術和自然是彼此對立的，但現實情況是，考慮到當前任務的緊迫性和規模，我們需要這個光譜的兩端，也需要兩者之間的一切。

但也不能坐著空等科技解決方案擴大規模。幸好，我們已經有辦法將碳提取出來封存數十年，甚至數百年，成本只要當前價格的一小部分。當我們正在竭盡全力限縮災難性的氣候變化時，地球上的自然生態系統——森林、濕地和草地——就是我們最好的盟友，至少在短期內是這樣。其成效數字令人驚嘆：光是西斯帕塔的前導計畫，在三十年的計畫效期內，就將去除一百萬噸碳。[5]

本章的其餘部分，我主要會討論保護和恢復生態系統的氣候解決方案。這麼做並非要貶低運用科技進行碳移除的強大潛力，而是為了把重點放在同時推動氣候行動和照顧自然的解方上。我想讓大家知道，現今投資我們的生態系，是一種強而有力的商業選擇，我們會繼續大膽押注在轉型技術上，並且希望未來幾十年裡繼續仰賴這些技術。

讓我們更仔細地研究碳市場，了解它們如何為目標提供資金，來達成保護和恢復生態系統的目標。允許信用額度交易（碳減排或移除的單位）的機制，也就是這些碳市場，是為了應對氣候挑戰這個嚴峻的現實，所慢慢發展起來的。目前，全世界每年排放的二氧化碳相當於五百二十億噸。[6]這個數字三分之二的排放量是二氧化碳貢獻的，其餘部分為甲烷和其他溫室氣體。即使新冠肺炎（Covid-19）疫情也只對這個數字造成了小幅影響；二〇二〇年，二氧化碳當量（CO2-e）③的排放下降了約百分之七，但在二〇二一年又迅速回升到新冠危機前的趨勢。我們都知道，為了避免災難性的氣候變化，世界需要在二〇五〇年或更早實現「淨零」碳排放。

② 譯註：美國的網路支付服務提供商。
③ 譯註：代表某一重量的其他溫室氣體排放產生相同變暖潛力所需的二氧化碳重量。

但遺憾的是，《聯合國碳排放差距報告》（UN Emissions Gap report）明確指出，我們根本還沒有上軌道。[7]如果一切運作照舊，到二〇三〇年，溫室氣體排放量將達到五百九十億噸。我們必須做出重大變革，從製造物品、交通移動和糧食供應的過程中，想辦法消除碳排放。

「淨零」是我們的目標，但這並不表示整個經濟過程都必須達到絕對零碳排放（這個任務更艱鉅，很少人認為可行）。雖然科學家和企業家正在競相讓經濟領域的各方面去碳化，從發電到運輸都不放過，但總可能有一些排放難以完全避免，或者代價太過高昂。在二〇五〇年的淨零世界中，長途航班或水泥製造業可能仍存在排放，未能完全脫碳。在我們能力所及的範圍內盡可能減少碳排放，是一項緊迫又重要的任務，但剩餘的部分需要從大氣中吸收碳，並將其鎖在碳匯中來平衡。

無論是以現在還是未來的淨零世界來看，這就是碳抵換（carbon offsets）的意義所在。理論上，每排放一噸二氧化碳當量，應該就要在其他地方得到補償。畢竟二氧化碳與其他形式的汙染不同，一旦排放就會散布到世界各地。比如，從德克薩斯州一家燃煤發電廠排放的一噸二氧化碳將進入地球大氣層並滯留數百年，導致特定量的額外升溫潛能。另一方面，甲烷的升溫效力更強，但它在大氣中停留的時間沒有那麼長。科學家以二氧化碳當量（CO2e）為單位，對加劇溫室效應的不同氣體進行比較，以一噸二氧化碳為對比代表，來評定這些不同氣體對氣候暖化的影響。因此，從威爾斯的一個牧場釋放出的一噸甲烷大致相當於二十五噸二氧化碳當量，我們可以拿這個數據來與德克薩斯州的煙囪排放造成的損害作比較。

無論是牧場還是科技公司，汙染源都可以藉由兩種方式來補償其排放量。他們可以支付費用來避免本來會發生的等量排放（**避免排放，avoided emissions**），或者直接從大氣中吸收溫室氣體（**碳移除，carbon removals**）。

兩種都極為重要。由於樹木被砍伐或焚燒，昔日肥沃的森林土壤變乾，碳元素流失，光是森林砍伐就占全球溫室氣體排放的一成左右。我們急需將森林砍伐和景觀劣化產生的新排放量降到零，在政府監管不完善的情況下，能夠幫助實現這一目標的資金肯定會受到歡迎。

但是，在淨零的世界裡，我們也確實需要吸取多些噸數的碳，來平衡剩下那些不可避免的少數排放。光是嘗試避免未來因砍伐森林等情事造成的碳排放是不夠的；我們需要恢復以前活躍的碳匯，並創造新的碳匯。我們在本章後面會看到，做兩件事情有助於理解碳市場的複雜性。首先，專注於供應方，確保他們對公眾的影響是真實可信的，而且對自然和社區有利。其次，鼓勵需求方（通常是大公司）只透過高品質的信用額度來彌補他們不可避免的碳排放，這樣可以對產生的影響做出嚴格的聲明，同時繼續尋求可避免的碳排放，並積極減少之。

雖然自然碳封存（carbon sequestration）[4]背後的科學知識日臻完善，但費心將這些行動包裝成值得信賴的信用額度，從中獲得報酬的技術也同樣重要。

想想我們前面談到的，「避免」（avoidance）和「移除」（removal）這兩種信用額度的區別。從歷史觀點看，大多數自然信用額度屬於前一種類型：為保護可能面臨風險的健康生態系統支付費用，而不是積極恢復休耕或退化的土地。也許我們保護了森林或復育了草原，那要如何知道對碳排放的影響是否真的發生了？這兩種信用額度通常需要由第三方進行驗證。信用額度的開發者可以加入幾套廣泛使用標準中的任何一個，每個標準都賦予他們權利，得以在世界各地進出不同的信用「市場」。

這些市場大致分成兩類。第一類稱為**強制市場**（**compliance markets**），是由政府或國際機構設立的，目的在激勵脫碳。比方歐盟和加州制定了總量管制與交易制度，每年都為發電廠和煉鋼廠這樣的碳排大戶分配排放量。這些上限規定的目的，是要激勵企業改用更清潔的燃料，或者清除煙囪裡殘留的氣體，以降低排放量。如果企業的排放量低於每年的上限規定（上限會隨著時間遞減），就不需要支付任何費用。但有時候事與願違，排放源有時會發現要符合這些上限太花錢，或技術面難以達成。這就是總量管制與交易制度裡，交易這個部分所發揮的作用。

強制市場允許汙染源從其他實體購買配額（allowances）來進行補償，這些實體已經達成比預期更大幅度的減排。像這種碳定價機制，或者像南非或瑞典那樣的碳稅，已經推廣到數十個國家，在二〇二〇年成功調節全球近四分之一的排放量。[8]並不是所有國家都允許排放源購買自然信用額度，但有些國家允許，例如，歐盟不容許以自然信用額代替配額；加州市場的受監管實體則可以購買認證的森林信用額，來抵銷一小部分（百分之四至六）的排放量。[9]

如果把強制市場看作是能源經濟中老牌汙染大戶的煞車，那麼**自願市場**

④譯註：從大氣中捕獲二氧化碳，將之儲存於地底深層或是森林、海洋等碳匯當中的過程，以減輕全球暖化的影響。

（**voluntary markets**）的興起就是要服務不同類型的買家，不管是試圖抵銷飛行影響的個人，或者尋求消除用電或差旅碳影響的大型企業。自願市場雖然目前規模較小，但已成為以自然為本的氣候解決方案的重要催化劑，由非營利機構 Verra、國際獨立碳權核發機構黃金標準組織（Gold Standard）或美國碳註冊機構（American Carbon Registry）管理，依靠獨立的第三方驗證者網絡來確保減排有實際發生。

那麼一個碳信用額（carbon credit）的價格是多少呢？在交易的強制市場上，信用額實際上應該被稱為配額（考慮到上限的強制性質），其價格通常是由證券交易所決定的。買方和賣方交換信用額度，價格根據需求漲跌——當然，這取決於政府所設定的底價，以確保碳價格在經濟衰退或市場波動期間不會跌得太低。二〇二二年年中，歐盟排放交易制度中受管制配額的價格在八十至九十歐元之間徘徊，從二〇二〇年底的二十五歐元左右強勁上漲。

隨著自願市場和強制市場逐漸整合，雖然全球各國的政府開始對這兩種市場進行監督，自願市場還是處於有點像蠻荒西部的狀態。目前，買賣雙方可以直接交換抵銷，或者透過遍布全球的中介機構網絡來進行交換。價格可以按項目協商，也可以把信用額度打包成一個組合出售。二〇二二年年中，這些市場中自然類的碳抵銷價格平均約為每噸十美元，但如果提供的是「移除量」而非「避免排放」，或者創造了如生物多樣性或當地社區就業機會等「共同效益」，則價格可高達二十到四十美元。早在二〇二〇年，這兩種信用額度的價格就已經從個位數的前段增長到中段。

如果聽起來還是很便宜，那是因為它確實很便宜。即使在該價格範圍的上限，大自然的碳封存成本也只要目前科技碳捕捉成本的十分之一到五十分之一。碳市場可以將寶貴的資金用在資助世界上一些最貧困或生物多樣性最豐富的地區，來推動保育工作。不過，任何事情都是一分錢一分貨——本章後半部分討論品質方面的現實問題時，我們就會明白這一點。

碳市場似乎是一個抽象、高度技術官僚色彩的解決方案，與保護和恢復生態系統這種真實、極在地的挑戰形成對比。事實上，要建立這類計畫所需的準備，其實都是你想得到的實務工作，結合了實地研究、社區參與和長期專案管理。碳市場基本上會協助支付所有這些活動的費用，但最嚴謹的計畫會確保所有利益關係人從一開始就參與進來，我在哥倫比亞參訪的那個計畫正是如此。

在哥倫比亞，碳計畫的贊助是從西斯帕塔的紅樹林濕地開始。這項名為「紅樹林生命」（Vida Manglar）的前導計畫，匯聚了當地社區、政府、保護國際基金會（Conservation International）等非政府組織、海岸研究機構 INVEMAR 以及科技巨頭蘋果公司（Apple）。

科研小組的成員各司其職。如何測量濕地中儲存的碳？針對樹木的話，這項工作通常比較容易。經過幾十年的改良，我們已經有很好的模型，用來估算地表木材中儲存的碳。至於濕地，大量的碳被儲存在地下——在那些肥沃的淤泥土壤中，由紅樹林、草叢和它們不斷分支的根系網絡維繫在一起。科學家在沼澤中跋涉，從不同地點挖出三公尺深的土，接著將其送回實驗室進行研究。他們得出結論：濕地中高達五分之四的天然碳都在地下，基本上在水下，充分證明了「藍碳」這一稱號的合理性，該名詞被用來描述濕地、沿海地區和開放海域的氣候解決方案。

復育和保護西斯帕塔濕地，預計要在三十年內去除一百萬噸大氣中的二氧化碳，而這塊濕地只占整個生態系統的一小部分。這就是碳市場出現的原因，將未來的減排量打包成碳信用額，出售給某些個人或公司，用來抵銷他們避免不了的排放。

一支隊伍在哥倫比亞劣化的西斯帕塔濕地進行調查。© Daniel Uribe

西斯帕塔濕地的紅樹林復育工作正在進行中。© Maria Claudia Diazgranados

海岸研究機構INVEMAR的寶拉・西埃拉（Paula Sierra）為前導計畫展開科學研究工作，她與濕地居民合作設計了這個專案。「我們很高興看到當地社區這麼熱烈支持，我們不僅保護了一個重要的生態系統，也創造優質高薪的就業機會。」這些就業機會包括復育該地區水文的勞力活、協助減少森林砍伐的社區參與事務，還有長期的監測工作。她告訴我，保護區內的政府計畫現在也有更多資金挹注。「碳信用額帶來了一線生機，該機構的復育預算因此翻了一倍。」

從祕魯森林到坦尚尼亞大草原等不同生態系統中的其他碳計畫也採取了類似的措施，以教育、醫療或基礎設施資金的形式，讓資金回流到社區；碳信用額收入中，以就業機會、社區方案或現金形式實際支付給社區的比例，可以有效代表當地參與和支持的程度。畢竟，這既關乎經濟發展，也關乎地方生態。

我參訪的幾個月後，保護國際基金會宣布，西斯帕塔這個點的所有信用額度都已售出，百分之九十二以上的收益用於該專案的保育計畫和當地社區。[10]但西斯帕塔只是一個開始；寶拉和她的同事已經懷抱著更大的夢想。「聖瑪爾塔大沼澤的面積是西斯帕塔的二十多倍。如果這第一個計畫就能產生一百萬噸的碳效益，那麼想像一下，要是在整個海岸線推廣這件事，我們能做到什麼地步。」

碳信用額

碳市場可以幫助評估和提高自然碳匯的價值，但我們怎麼知道**什麼是優質的碳信用額**？我們能用什麼標準，來確定信用額代表一個真實、可估量「碳避免」或「碳移除」的單位，來幫助抵銷無法避免的排放？（如果你想訓練自己辨別好壞的能力，請閱讀以下段落，或者暫時跳過，稍後再回來看。）

第一個標準是**「外加性」（additionality）**，以顯示碳計畫已經超出了常規運作的程度。簡言之，外加性是指碳信用額在多大程度上激勵了原本不會發生的行動。與此相關的一個概念是「基線」（baseline），也就是在沒有信用額的情況下，對於會發生的情況所做的最佳猜測；確立這一反事實（counterfactual）有助我們判斷碳計畫的影響。

以碳避免（avoidance）計畫來說，要確定基線尤其棘手。在沒有這種計畫的情況下，我們要怎麼知道一個林分（standing forest）會發生什麼變化呢？這種時候，開發者和驗證機構需要對可能發生的森林砍伐情況進行保守預測。保守的基線預測可能會假設，未來十年一般森林砍伐情況會有所改善，再跟其他沒有加入碳信用計畫的森林相對照，或加入作物或木材價格等其他變數，這些變數通常可以預測未來的砍伐率。

碳移除（carbon removal）計畫的基線更簡單。開發者通常會考慮找幾十年來一直被精細耕作、林木濫伐，然後遭到遺棄的土地，接著碳移除計畫需要支付費用給土地管理者，以讓碳儲存在樹木（透過重新造林或農林業）或土壤（透過再生農業）。

無論如何，在新科技的加持下，碳市場領域正朝著動態而非固定的基線發展，要與時俱進，依據周圍地區實際發生的情況來調整。

下一個要確認的是**碳洩漏（leakage）**的狀況，以合理確保計畫真的有阻止破壞發生，不只是將破壞轉移（也就是洩漏）到附近缺乏保護的地方。

除了跟當地人及國家政策制定者密切合作外，處理碳洩漏的另一個方法，是把視野範圍擴大一點。伐木者和礦工可能會選擇把他們的破壞轉移到同一地區或省份的其他地方來規避處罰，但如果我們觀察整個轄區（jurisdictions）的森林砍伐率，仍然會發現這些破壞情事。「轄區」的信用額有別於計畫的信用額：原則上，轄區的信用額獎勵的是整個州或國家的進展，好處由政府、私人開發商和民間社會共享；個別計畫可以「鑲嵌」在一個轄區的管理手段中，確保地方行動和國家目標之間相互協調。國際層面上，仍有一些關於轄區信用額的重要問題待解決，但它們代表著減少碳洩漏風險的一種前進。

再說，進行復育計畫時，碳洩漏的問題不怎麼需要擔心；自掏腰包在受損的紅樹林區進行再造工作不太可能將破壞轉移到其他地方，因為損害已經發生。

第三，我們需要對碳減排（carbon drawdown）的持久性進行評估，也就是其**永久性（permanence）**。在地質時間尺度上，沒有一個生態系是真正永恆的。但我們現在還不必擔心百萬年的時間尺度，眼前有一個更迫切的問題待解決。在我們想辦法擴大永久碳捕捉技術和儲存規模的同時，未來的二十年，甚至可能一直到本世紀末，我們確實需要採取自然手段來避免迫在眉睫的災難。

森林或土壤計畫通常承諾的持續期限是十年、三十年或一百年。開發者除了獲得社區的支持之外，一般還會建立法律架構來保障耐久性，如長期土地租賃和簽定合約，其條款可確保新恢復的生態系統在一定期限內受到保護。有些人試圖取消長期合約，改用計算多少年的臨時碳儲存實質上等同於「永久」封存。雖然目前尚無定論，但這種「噸／年」（tonne–year）的核算方式已經被用於如碳市場新創公司 NCX 的計畫當中，以說服林務業者延緩林木採伐，讓樹木可以儲存更多的碳。

無法透過合約規避的其他風險，比如野火的威脅，又該怎麼辦？碳計畫會留出一定比例的信用額（通常為百分之十至二十）給「緩衝區」，為意外損失提供預防措施。緩衝區無法覆蓋全部損失，因此有些生態系統可能不適合發展一百年的碳計畫，例如美國西部容易發生野火的森林。同時，保險公司也開始涉足自願碳市場，幫助保護買方。最後，採用投資組合法（portfolio approach）可以分散風險。

自然是一個動態系統。生態系隨著歲月成長、萎縮、變化——這都是生態波動（ecological flux）的一部分。重點在於，我們所付出的每一分錢應該把碳從大氣中帶走，並開始在食物網中進行足夠規模的循環。如果數十年後，自然碳封存最終被科技碳捕捉所取代，我們仍將擁有充滿活力的自然生態系統，它們帶來的許多其他益處也值得保護。

最後，我們需要**監測**（**monitor**）和**驗證**（**verify**）碳計畫，確保承諾得以履行。

我們如何能夠相信這些碳信用額是外加且永久的呢？當我們希望相信一家公司的帳目是誠實的時候，也是採用類似的做法，那就是請審計員出馬，確認這家公司有符合條件。在自願市場上，自然碳信用額通常由幾個制定標準的非營利組織進行認證，例如 Verra 或美國碳註冊機構。希望進入政府營運市場（如加州）的信用額，也必須符合其各自的標準。

假如這個過程聽起來很複雜，那是因為確實如此。因此，固定成本（fixed costs）可能會很高，傳統的驗證方法無法提供即時或高頻率的數據。好在我們剛開始開發新的監測硬體，數據集和軟體也經過大幅改進，可以與野外自然審計員的團隊互相搭配。這些工具讓我們懷抱著前所未有的信心，來驗證生態系統是否按計畫得到管理和恢復。

最後，一類新興的獨立實體正在幫助確保驗證機構的誠實度，類似人權觀察組織（Human Rights Watch）或無國界記者組織（Reporters Without Borders）在各自領域發揮的作用。非營利組織 CarbonPlan（「碳計畫」）就是這樣一個關注碳市場研究的非營利組織，它已經對包括微軟（Microsoft）和 Stripe 等數家公司的抵銷交易進行了獨立評估，但還有很多事要做。CarbonPlan 表示：「現今的私有市場還沒有達到充分審查這些減碳工作所需的資訊揭露程度，使得那些追求高品質結果的人更難以篩選，付出的費用也更加昂貴。」。[11]隨著市場的迅速發展，像 CarbonPlan 這樣的單位正在努力提升獨立驗證能力和透明度。

如果碳市場確實是個好主意，我們也知道自己在尋找什麼，那是什麼阻礙了碳市場的發展呢？批評者提出了相當重要的問題；現在讓我們來探討其中一些挑戰，以及克服這些挑戰的方法。

碳信用額真的可信嗎？

信任是靠贏來的。可惜自然信用市場在外加性、碳洩漏、永久性和驗證指標方面，始終無法建立起足夠的信任。早期的自然信用方案在柬埔寨和印度等地被用來支付森林保護的費用，卻未能在面臨伐木和農業壓力的情況下，對開發計畫進行監督，因而招致批評。有些計畫是在聯合國的「降低森林砍伐和森林劣化所產生的排放」（Reducing Emissions from Deforestation and Forest Degradation，簡稱 UN-REDD）架構下獲得認證，這個架構立意良好，卻仍存在缺陷，執行面的漏洞加上監測能力不足，都削弱了人們對它的信任感。

避免排放計畫無視受指定保護的森林被徹底破壞，還因設定不切實際的基線，必須面臨審查。保育團體和國家政府於是在不同階段提出要求，希望得知已受法律保護的原始森林的碳信用額。

要知道，價格、外加性、碳洩漏和永久性往往互相關聯。外加性最低的計畫，比方說，那些成本最低、設定的基線最不可靠的計畫，通常也最不可能產生持久、高品質的碳影響。

這些過去的錯誤應該作為警世寓言。好在如今改善後的碳信用證明了更好的方式是可行的。首先，頂尖的自願碳信用認證機構已經加嚴了標準，並實施更頻繁的監測，以提高系統的信任度。誠信委員會（Integrity Council）和自願碳市場誠信倡議（Voluntary Carbon Markets Integrity Initiative）等新機構的設立，將利害關係人都聚集在一起，以更高的標準來達成共識。

第二十六屆聯合國氣候變遷大會（COP26）上達成國際排放交易規則的協議後，驅策認證計畫轉向「管轄」路線發展，將碳信用納入更廣泛的國家氣候目標中。由英國、美國和挪威在二〇二一年氣候領袖峰會上發起的 LEAF 聯盟（LEAF coalition，全名為 Lowering Emissions by Accelerating Forest Finance，「加速森林融資減排聯盟」），針對熱帶雨林保護採用了嚴格的新管轄標準，目前已有數十個州和國家正在探索會談階段。在這兩個情境中，森林砍伐的基線設定變得更加保守且仰賴數據。同時間，人們對碳移除計畫的興趣也正在升溫，因為這類計畫不用考慮基線問題。

重要的是，成熟的買家開始認識到，即使在這個大幅改善的新世界中，並非所有碳信用額都是相等的。大型私人買主正在針對計畫進行自己的研究，淘汰落後者，協助全面提高標準。

這個系統還不夠完善。不過，在過去的十年裡，此系統受到記者和各方行動者仔細檢視，對於審慎的賣家、有眼光的買家和地球來說都是一件好事。信任正在建立，雖然緩慢，卻很堅定。

碳信用額不就是汙染者的免死金牌嗎？

批評碳抵銷的人認為，碳抵銷為排放汙染的企業和經常搭飛機的個人提供了免費通行證。既然可以依靠碳抵銷就好，何必努力減少排放呢？這個顧慮可不容小覷，但公眾壓力和技術進步若能妥善結合的話，有助於緩解這一問題。各地有原則的買家正在證明，大幅減少碳排放的同時，還能催化一個高品質的天然碳信用額市場，在過程中進行嚴格的驗證。

微軟就是這樣的買家。該公司首先制定每噸十五美元的內部碳價，向公司內各部門收取航空旅行等情事產生的排放費用。所得款項和額外資金被重新挹注在潔淨能源和零廢棄計畫上；到二〇二五年，所有直接購買的電力都將來自可再生能源。微軟的伺服器效能越來越好，其建築物也走同樣的路線。

微軟如今自稱達到「碳中和」（carbon neutral），但也承認這一說法的侷限性。「跟大多數碳中和的公司一樣，微軟實現碳中和的主要途徑是透過投資避免排放的抵銷方案，而不是清除已經排放的碳。這就是我們轉移重點的原因。總而言之，只談碳中和不足以滿足世界的需求。」微軟在二〇二〇年坦承道，並補充說，「雖然我們必須繼續避免排放，而且這些投資仍然很重要，但我們認為更迫切的需求是要把碳從大氣中清除，相信透過我們的投資有助於實現這一目標。」[12]從那時起，微軟就帶頭設定脫碳目標，並遵循「科學基礎減量目標倡議」（Science-Based Targets Initiative）的架構，使其碳排放量符合攝氏一．五度的路徑。[13]微軟大幅削減直接排放量之後，還承諾在二〇三〇年實現碳負排（carbon-negative）——代表微軟將透過購買碳移除的信用額，實際清除比排放量更多的碳。

微軟已經開始購買各種計畫類型裡高品質的碳移除信用額形成的投資組合，來支持新興的碳市場。藉由開誠布公所有提案和採購情況，以及公開分享在過程中吸取的經驗教訓，微軟正在率先示範碳信用可以成為應對氣候變遷的寶貴工具，而不是碳汙染的免費通行證。[14]

為了確保更多公司採納像微軟這樣的方法，我們得繼續施壓；除了「供應方」本身要努力提高信用額的誠信度之外，基本上還需要為市場的「需求方」建立保障。要做到這一點，我們就必須區分哪些公司有制定科學目標並付諸實行，哪些公司又是靠著投資低品質的碳信用額，試圖漂綠自己的形象。尤其在購買「碳避免」而非「碳移除」的天然碳信用額時，公司所揭示的聲明非常重要。與其稱自己有做到「碳中和」，他們可能會選擇更細緻的說法——也許說在「補償」排放，或者在「支持生態系統的管理者」。碳移除可能比較適合稱作有「中和」碳排放。像「補償」和「中和」這樣的術語，彼此的區別看似微乎其微，但語言卻很重要，精確性對於買家來說是件好事，如此可以防止被批評說是在漂綠。要為整個系統建立信任感，還需要極大的透明度。監督不是壞事。總會有人的理念就是反對碳市場，但許多批評不合格碳信用的人，其實正在為地球提供有價值的服務，樂於接納建設性的批評只會有助於碳市場的強健。總之，唯一可信的買家，就是能夠證明自己正在竭盡全力減少內部排放和供應鏈排放的那些人。

將碳信用額作為工具箱中唯一工具的買家，應該得到我們的支持；企圖漂綠的企業也理所當然受到惡評。把他們混為一談對誰都沒有好處，特別對那些急需使用這些碳資金的珍貴生態系統而言更是如此。

買家應該永遠心懷更高的目標，尤其當手握特權時。就我個人而言，我用高品質的自然碳移除投資組合，來雙重抵銷自身的排放量。這樣做一部分是為了平息自己心中一直存在的疑問，也就是每個信用額度是否真的代表一噸二氧化碳，但主要還是因為我知道超額抵銷不是件壞事。政府和企業應該自覺有責任超越最低標，除了減少現在和未來的排放量外，甚至可以開始削減自身的歷史碳足跡。

碳計畫是否符合環境正義？當地人和原住民部落能否共享利益？

當提出任何關於自然的商業論證時，環境正義——確保公平分享經濟利益和其他好處——是極為重要的考量面向。

二〇〇〇年代初期，許多森林碳計畫未能充分徵求當地人和原住民部落的意見，理所當然引起了反彈，也讓人覺得無以名狀的全球性力量（global actors）在欺騙邊緣化的群體。有權力的人有責任確保所有的利害關係人都參與到這些計畫當中並共同受益。確實，這麼做可以讓計畫走得更長遠，幫助達到其所宣稱的永久性。

例如，「紅樹林生命」團隊與地方頭人密切合作，建立了一個透明的利益共享系統。作為交換，社區同意將該地域劃分為二十三個區塊，實行永續利用的輪作系統，如此每個區塊都有十年或更長的時間從伐木活動中恢復過來。零砍伐當然是生態系統的理想狀態，但保障社區擁有低衝擊的使用權是永續碳計畫的一個重要因素，即便這樣代表生成的碳信用額較少。

越來越多高誠信的計畫開發者採取以社區為中心的方法，他們意識到碳市場中關於環境正義的呼聲越來越高，地方社區也越來越積極主導碳計畫，稍後我們會探討肯亞的馬賽人（Maasai）如何藉助科技和碳金融來保護自己的土地。碳開發商將大部分碳收入用於改善社區，邀請當地利害關係人共同參與決定如何使用這筆資金，其實正在培養他們所需的謙遜和耐心，以避免第一波碳計畫的隱患。

數百年來，我們一直未能妥善評估自然的價值，碳市場為我們提供了一條充滿前景的路徑，有望糾正全球規模的市場失靈。因此，儘管自然生態系統本身就高度複雜，但我們不該鑽牛角尖，為求完美而裹足不前。我們都看到了，最廉價的碳信用不過是空洞的承諾，最優質的碳信用則在重要的地方產生有意義的影響，就算並不完美，但卻代表著我們在未來十年實現大規模碳減排的最大希望。

我們需要擴展自然類的碳抵銷方法，來滿足急遽增長的需求。首先，除了森林碳之外，我們還可以發掘農林業、紅樹林和其他水生生態系統的巨大潛力，這些生態系統目前在碳市場中的地位還比較邊緣。我們也需要把焦點從避免排放轉向自然移除，把前者視為通往後者的橋樑。對於買家來說，這也許意味著要在新計畫類型上搏一把，之後繼續在這個領域做更多的投資。公共基金和慈善捐款可以幫助縮小較成熟的領域（如森林碳）跟新興領域（如深海藍碳）之間的差距。

請注意：開始看到大筆錢財流入大自然的政府和社區，不該將碳收入視為永久不斷的。事實上，目前還沒有人真正知道碳市場將如何發展，在未來幾十年裡，碳市場可能會起起伏伏，取決於氣候戰爭中發生的其他事情。倒是這些實體需要利用資金建立法律的保護措施，將經濟體系轉變成更持久的模式，提高生活水準，並進行實際的改善（例如恢復濕地的水文），這些措施發揮的效果將比計畫時程來得更長遠。

自然碳信用額度並不是萬靈丹，我們需要一套策略和另類經濟模型來遏止對自然生態系統的破壞，這就是本書通篇談論的內容。並非所有生態系統都適合為了產生高品質的碳信用額，進行外加性或基線的測試。例如，沒有砍伐風險的森林，仍然應該透過其他機制進行投資，如結果論的融資（results-based finance）或外國援助。但碳市場最清楚地證明了自然經濟的基本邏輯。

隨著越來越多的利害關係人考慮到自己在助長氣候緊急狀態中所扮演的角色，自然穩定氣候的能力終於受到了重視。每一個售出的（優質）信用額，都是為了穩固跟擴大該價值的投資。

誰能責怪努瓦・維內西亞村的澤尼特轉向依靠森林來養家糊口？誰又能指責哥倫比亞政府在各方競爭激烈的需求之間，找不到稅收來保護最後剩下的生態系統？碳市場現在可以為他們提供一條經濟上可行的保護途徑，隨著時間的累積，還能跟其他守護自然的案例相輔相成，如西斯帕塔、聖瑪爾塔大沼澤及其他地方的生態旅遊或永續水產養殖等。

如果我們能夠把事情做對——辦不辦得到還是一大疑問——碳市場或許會成為二十一世紀保育新典範的基石之一：這種典範不再單靠做功德或最弱勢群體的高尚犧牲，而是把焦點放在長期以來管理我們重要的生態系統、理應得到回報卻一直被忽視的那些人，為他們創造生計和參與機會。

第三章

生態旅遊二三事

這架小型的雙水獺飛機（Twin Otter）低空飛越翡翠綠的森林和藍綠色的潟湖，我們的飛行員似乎不急著趕到目的地。畢竟經過了兩年與世隔絕的艱難歲月，誰能責怪他們呢？當二〇二一年接近尾聲時，斐濟終於對外開放，每個人似乎都在家門前辦起了歡迎會，為能再次向世界展示自己的島國感到高興。

斐濟這個名字，喚起了我腦海裡世紀中葉那種既原始又遙遠的世外桃源的概念。實際上，斐濟早就不再是特別遙不可及的地方。商業旅遊始於一九六〇年代，到本世紀初，每年有超過五十萬名遊客來到斐濟，人氣不墜，當然，新冠疫情又讓斐濟重新陷入一個世紀以來從未有過的真正孤立狀態。二〇二一年末，在一次成功的疫苗接種運動之後，斐濟的旅遊經濟（間接支撐著斐濟三分之一的勞動力）才又漸漸振作起來。

我們搭乘著搖搖晃晃的螺旋槳飛機，前往東部的塔妙妮島（Taveuni），從空中望見斐濟豐富的自然資源，但我更期待探索斐濟的水下世界，這裡的珊瑚礁和海洋生物，使斐濟成為潛水客和海洋保育人士的最佳首選。我來到這裡，是想看看由社區策動的負責任生態旅遊如何為自然提供有力的論據。

旅遊可以和保育相關聯的想法，至少和一八七二年世界上第一個建立的國家公園「黃石公園」（Yellowstone）一樣古老。黃石法案（Yellowstone Act）設想了一個「全體美國人的公共休憩場所」，但這構想並不包括在這片土地上居住了幾個世紀的美洲原住民，他們被粗暴地驅逐，被迫讓出空間給殖民者和保育人士。在當時，保育（conservation）也是狩獵的代名詞，許多早期的自然保育人士，如老羅斯福（Theodore Roosevelt），認為他們對大自然的熱愛跟人類一直以來想用槍枝弓弩征服自然的慾望並不矛盾。

一八九二年，美國的保育團體山巒俱樂部（Sierra Club）成立，在這類組織的推動下，愛好自然的遊客開始陸續出現。從一九〇一年開始，山巒俱樂部每年都會組織一次野外遠足活動，這個活動對大眾非常有吸引力，當時首次舉辦的「高山行」（High Trip）帶著九十六名會員前往優勝美地國家公園，目的是將遊客變成保育行動的支持者。

生態旅遊的萌芽，出現在人們對各種類型的旅遊興趣日益高漲的背景下。在此之前的幾個世紀裡，除了極少數極富有的人之外，其他人都不可能為了旅遊而旅遊。但隨著工業革命後收入增加，人們開始移動，彼時英國海濱渡假勝地布萊頓（Brighton）等地出現初期「過度旅遊」（over-tourism）的現象，預言著未來將發生的情況。[1][2]

我們今天所熟知的全球旅遊業，真正開始大受歡迎是在二十世紀中期，當時航空飛行徹底改變了旅行方式，先是歐洲和美國，後來亞洲和其他地區的人也開始為了娛樂四處遊覽。旅行變得比史上任何時候都來得便宜又容易。

許多旅遊行程以及助長其流行的行銷活動，核心概念是一個不受人類影響的天堂。雖說這種觀念總是過於簡單又太西方中心，但到了一九七〇年代，大規模旅遊還是開始對這些所謂的世外桃源構成嚴重威脅。同時，文化抹除（cultural erasure）的風險也漸漸增加，特別是當旅遊造成外來者跟原住民族群接觸的情況下——雖說跟伐木、狩獵、採礦等商業入侵相比，旅遊業造成的影響根本是小巫見大巫。

＊＊＊

一九七六年，距離黃石國家公園開放一個世紀之後，國際自然保護聯盟（IUCN）首任主席赫拉爾多．布多斯基（Gerardo Budowksi）調查大規模旅遊在前幾十年對環境造成的破壞時，提出了旅遊與保育之間可能有機會存在著共生關係。[3]生態旅遊，一種更溫和、更體貼的旅遊形式，是否能提供一劑解藥？或許，旅遊不僅不會對自然造成危害，反而可以作為一種好用的工具，用來資助保育工作並激發更多人的生態意識。

這種明白易懂的雙贏理念逐漸獲得了認同：一九八二年，「生態旅遊」一詞被收錄進《牛津英語詞典》這一可靠的主流標誌，聯合國也宣布二〇〇二年為國際生態旅遊年。幾十年來，負責任的旅行蔚為風潮，會有這樣的現象並不難理解：旅行可以成為一種善的力量，這種想法非常吸引人。

但是，就跟任何環境改革行動一樣，漂綠現象比比皆是，生態旅遊這個名稱被浮濫亂用。事實證明，字典上的定義還遠遠不夠。直到今天，如何界定真正的生態旅遊仍然是一個挑戰。

再說清楚一點：就算自稱為生態旅遊，也僅是很小眾的市場。據估計，二〇一九年整個旅遊市場價值為一．八兆美元，其中生態旅遊所占比例不到一成。[4] [5] 即便如此，生態旅遊還是旅遊業中增長最快的領域之一，調查顯示人們對永續旅行越來越感興趣。[6]

在碳市場和碳技術不斷創新的背景下，我們為什麼還要討論旅遊業這種看似過時的東西呢？事實上，對於許多地方（或整個國家，如斐濟）來說，生態旅遊仍然是目前保護自然最具體的商業案例。

簡言之，金錢和就業機會都很重要。生態旅遊在整個旅遊市場中所占的一千八百億美元份額，大約是二〇二一年自願碳市場價值的一百八十倍。[7] 從更概括的自然旅遊角度來看，保護區在新冠疫情爆發之前吸引了八十億名遊客，創造出六千億美元的收入。[8] 這類旅遊會創造就業機會。世界旅遊觀光大會（World Travel and Tourism Council）在疫情爆發前，估計「野生動植物旅遊」的直接就業人數為九百一十萬，間接就業人數又至少是直接就業人數的兩倍。[9] 鑒於生態旅遊牽涉到多種產業（關係還越來越密切），值得我們吸取過去的教訓，努力為未來做好準備。

我們第一趟飛行的目的地是維亞尼灣（Viani Bay），藏在斐濟第二大島瓦努阿島（Vanua Levu）東側的靴狀地區。沒有公路可以進出這個馬蹄灣；大約一百位居民都是徒步翻越周圍的山丘或者乘船進出。我們選擇了後者，天剛濛濛亮，我們就從附近的塔妙妮島簡易機場飛越過海浪，月光泛影不一會就轉成朱紅、橙色和寶藍色的天空。

我想，這趟長途旅行一定會很值得。畢竟維亞尼灣的所在位置很適合潛水愛好者探訪知名的彩虹礁（Rainbow Reef），這個景點是由潛水探險家雅克・庫斯托（Jacques Cousteau）首次標定出來，也是全世界軟珊瑚生態系統的典範之一。平時，這片礁群不僅充滿各種魚類，還有來自世界各地的遊客，但在疫情後斐濟初步恢復開放時，我們幾乎獨享這個潛水勝地，這是許多人夢寐以求的。

我在維亞尼灣待的地方叫作「斐濟潛水學院」（Dive Academy Fiji），這是一家由瑪麗娜・瓦爾澤（Marina Walser）和喬恩・懷塔伊（Jone Waitaiti）創辦的小型渡假村，由三棟小木屋構成。他倆是商業合作夥伴，在德國被視為冷門活動的（在我看來完全不能理解）水肺潛水界相識。瑪麗娜厭倦了長期的企業工作，想換個環境，享受更好的天氣和潛水體驗；喬恩則渴望回到自己的故鄉斐濟。

從夢想到現實，是一段漫長的旅程。他們在海灘上露營了將近一年，與當地工匠一起建造了斐濟傳統風格的木頭平房。慢慢地，他們贏得了社區的信任，成功建立了穩定的潛水生意，持續營運了三年。然後新冠肺炎爆發，斐濟關閉邊境，迫使他們得靠接待本地遊客和偶爾開開遊艇來維持生計。在封鎖期間，斐濟十萬多名旅遊業從業者中的許多人回到自己的村莊，靠著務農、捕魚和政府救濟來維持生計。當世界上其他地方的工作者轉向線上事業，很多斐濟人卻真的回到自己的家鄉。生態旅遊業者以及他們推動的保育工作，也不得不依賴公部門的補助和遊客最終會再次光臨的希望撐下去。

我們是重新開業後第一批抵達的遊客，這個渡假村雖然不算奢華，卻很有人情味。舉個例子：那裡的食物都是當季、在地，再根據客人的飲食喜好準備的，我們的蔬食飲食似乎不成問題，而且我們很快就掌握到品嘗斐濟佳餚不為人知的樂趣。豐盛的餐點包括芋頭、麵包果、南瓜和斐濟菠菜，搭配印度風味的湯和咖哩，佐當地海鹽和野生辣椒調味；椰奶冰淇淋是很常見又很受歡迎的甜點，讓人在炎炎夏日裡清涼一下。

更令人讚嘆的是，這些精美的菜餚並不是由大城市的專業廚師烹製的，而是由小小的維亞尼灣當地受過培訓的婦女所準備，她們中大多數人以前從未有過正式的工作經驗。這種為社區創造機會的理念，帶動了潛水業務的發展：水中嚮導（dive guides）來自當地的漁民家庭，他們知識淵博、細心嚴謹，還拿到獎學金來支付他們考潛水長（dive masters）的認證費用。

維亞尼灣的生活很簡單，由陽光和海洋的節奏主宰。每天我們都起得早早，嚮導仔細研究潮汐圖，挑選當天的潛點。耐心等待帶來豐碩的成果：海域平靜了兩天後，我們跳水時正好遇到營養豐富的洋流湧現，看到了軟珊瑚盛開的「大白牆」（Great White Wall），也游過陰森恐怖的海扇森林。為了避免打擾島上的動物，人工照明受到嚴格限制，所以我們在太陽下山後就會回到自己的小屋，九點前上床睡覺，日出時起床準備再次潛水。

全球海洋暖化和過度捕撈對珊瑚礁帶來的壓力，彩虹礁也未能倖免。二〇一四年至二〇一六年的聖嬰現象對南太平洋造成了嚴重打擊，但我很高興看到斐濟的珊瑚礁正在重新恢復生機。珊瑚白化造成的鬼城效應（ghost-town effects）已經消退大半，珊瑚和魚類的鮮豔色彩在蔚藍的海水中閃現。

像瑪麗娜和喬恩此等具有保育意識的經營者，並沒有把這種復甦視為理所當然。他們說服當地人減少捕魚，承諾為社區提供高薪的渡假村工作機會，還與公部門合作建立了一個珊瑚苗圃，來復育鄰近的珊瑚礁，也鼓勵潛客前往參觀，協助補種珊瑚。這一切的開銷和努力，真的都值得嗎？「看著那些被我們培訓成為潛水員的當地人……還有帶他們去看珊瑚礁時，那些在地人激動的樣子，我們可以很肯定地說，一切都是值得的。」瑪麗娜告訴我。「就連客人也都成了海洋大使。」

我們的第二段旅程又回到了維提島（Viti Levu）的熱門路線，這裡是通往斐濟傳說中鯊魚潛水點的門戶。我們的無籠潛水嚮導（兼守護者）來自斐濟知名的潛水店 Aqua Trek，他們的安全紀錄無懈可擊，潛水團隊全由當地人組成，身上配備有水下牧羊人杖，如果鯊魚靠得太近，他們會輕輕地把鯊魚趕開。

我們潛入島嶼南岸的貝卡潟湖（Beqa Lagoon）時，幾十條礁鯊、護士鯊和檸檬鯊在我們周圍盤旋，距離我們只有幾英寸。但這場秀的明星是公牛鯊，這些肌肉發達的傢伙絲毫沒有表現出牠們以兇猛聞名的特點，幾乎對我們視而不見，反倒對餵食器裡的魚頭和珊瑚礁周圍的魚群更感興趣。

餵食器裡裝滿了附近加工廠丟棄的鮪魚魚頭，這正是使鯊魚潛水引起爭議的原因：有人認為補充餵食可能會改變鯊魚的行為，破壞當地的生態系統。我得承認，

跟鯊魚在貝卡潟湖共游。

具有保育生物學的學術背景、傾向不干預自然運作的那部分的我，對於此事很警覺。但我們和藹可親的潛水嚮導喬納（Jona）的看法倒也很真誠：「在我們開始推鯊魚潛水之前，我記得當地人會捕鯊為生。現在，我們能夠讓社區知道，這些鯊魚是值得保護的。」研究發現，鯊魚並非長期待在這個區域，補充餵食只占牠們食物的一小部分。[10]

雖然純粹主義者可能還是不太放心，但發展的結果卻非常引人注目。這幾年來，潟湖附近的村莊放棄了他們的捕魚權，換取讓稅款回到社區跟潛水業者的工作機會；二〇〇四年，此地宣布成立海洋保護區，後來又擴大成沿岸三十英里的「鯊魚走廊」，魚群數量已經回升，目前主要威脅來自外國漁船。

解鎖在貝卡潟湖與鯊魚共游的經驗之後，我想起幾年前去帛琉的一次旅行。帛琉是另一個依賴旅遊業的太平洋島國，擁有得天獨厚的自然資源。帛琉的人口不多，大約只有兩萬居民，而且選擇了一條稍微不同的發展路線。二〇〇九年，帛琉劃定世界上第一個「鯊魚保護區」，禁止在其水域內進行任何商業捕鯊活動。二〇二〇年，帛琉走出更大膽的一步，八成的海域內禁止所有捕魚和採礦活動，其餘兩成僅限當地漁民採捕，結果形成了一個巨大的海洋保護區，也是全球第六大。

帛琉高瞻遠矚的政府接收到科學家多年來一直傳達的訊息，進而採取了行動：一言以蔽之，商業過度捕撈就是不永續的。實際上，正如專家所預測的那樣，保護區內的魚類數量已經回升，並開始蔓延到允許捕撈的區域。[11]但在帛琉和斐濟，健康的珊瑚礁是潛水旅遊經濟的基礎，吸引著來自世界各地的遊客——珊瑚礁為全球創造的三百六十億美元的旅遊收入中，這裡只占一小部分。[12]一次在藍角（Blue Corner）這個潛點潛水時，我看到的鯊魚多到數不清，另一次潛水中，我看到成群的梭魚，魚群大到遮住了太陽。在這個奇妙的水世界裡，我感覺到人生第一次那麼接近真正的荒野。

在我看來，維亞尼灣、貝卡潟湖和帛琉提供了三個明顯不同卻又非常務實的例子，證明大自然生意盎然比死氣沉沉更有價值。這幾個地方的觀光推動工作都是現在進行式，之前也都受到全球疫情大流行的衝擊。但邀請適量的遊客來體驗這些地方，似乎對於人類和地球都更好，總比一直肆無忌憚地破壞要強得多，更不用說過度捕撈和海平面上升帶來的威脅，這些地方唯有創造出有韌性的地方經濟，來支付適應氣候變化的費用，才能平安度過考驗。

從馬來西亞的賞鳥活動、盧安達的徒步尋找大猩猩之旅，到哥斯大黎加的凱門鱷觀察，世界各地的野外，無論是陸地或海洋，都依靠進行生態旅遊的遊客來支付保護費用。關於這類地方的妙趣，跟那些有心又有想法、為未來生態旅遊體驗闖出一片天的人，我可以寫個沒完沒了，但我也再清楚不過，生態旅遊存在著真正值得我們關注的問題和疑慮。最古老的大自然商機，可能也肩負著最多的包袱。

對生態旅遊的批判始於二十一世紀初，因為曾在戰後時代激發影響的高尚理念，顯然已經敵不過更混亂的現實。

第一個是定義上的問題：什麼是真正的生態旅遊？直觀來說，生態旅遊必須謹慎處理每一個細節，為大自然和當地人民造福。理想的情況是，生態旅遊還可能引發遊客自己的心態轉變，使他們更加深刻認識自然的價值和保護自然的必要性。關於生態旅遊的定義，已經有很多種說法，大衛・芬內爾（David Fennell）在二〇〇八年出版的《生態旅遊》（*Ecotourism*）一書中的定義雖然有點太學術，卻是我認為最全面的。

「生態旅遊是一種」以自然為本，永續、非侵入式的旅遊形式，注重親身了解大自然，其管理符合道德規範，具有低影響、非消耗、適地適性的特點。……生態旅遊通常發生在自然地區，應有助於保護這些區域。[13]

二〇一〇年，拉爾夫．巴克利（Ralf Buckley）更進一步提出了「保育型觀光」（conservation tourism）一詞，將其定義為生態旅遊的其中一個小分支，「為生態意義做出顯著的正面貢獻，能有效保護生物多樣性」。[14]在本章中，我使用「生態旅遊」這一泛稱，同時也認可我舉出這幾個案例符合巴克利的更高標準。

任一種定義聽起來都很美妙。所以也許真正的問題，在於誰能宣稱自己是生態旅遊或保育型觀光的代表，特別是在缺乏一個普遍受到信任又廣泛使用的全球認證系統的情況下。有可能人們進行旅遊的野外地區並不符合上述的標準；事實上，正是這種情況，引發了各方對漂綠行為的批評。但根據我的研究和旅行經驗，實際上多數地方仍照著規矩行事，不過在嘗試評估生態旅遊的廣泛影響時，我還是發現了一些問題。

這種負責任的旅遊是否真的對自然生態系統有益？一些生物學家強調人類遊客可能對動物行為造成影響：大猩猩已經習慣了人類徒步旅行者的存在，澳洲和紐西蘭近海沒有天敵的島嶼上，不會飛的鳥類好奇地向遊客搖頭擺尾走來，顯示這類影響確實已經在某些地方發生了。但其他研究發現，從景觀層面來說，這些影響其實被誇大了。無論如何，有些人認為，即使對自然生態系存在不利因素，這種旅遊還是值得的。巴克利的研究團隊對獅子、老虎、狼和犀牛等瀕危物種進行了廣泛研究，發現生態旅遊對保育的益處大於衝擊，有助這些珍稀動物的生存。[15][16]

對社區的影響又如何呢？唯有當依賴這些自然奇觀的人能夠分享其成果時，生態旅遊的邏輯才能真正發揮作用。就這方面來說，情況還莫衷一是。在某些地方，如哥斯大黎加的海龜保護區和厄瓜多的野生動物保護區，研究人員已經建立起生態旅遊和社區生計之間的密切關係。拉遠一點來看，旅遊業顯然是許多國家和地區的經濟支柱；除了旅遊造成的直接影響之外，這個產業產生的稅收又間接資助了許多社會基礎設施。不過，旅遊業有賺頭的這種直覺，掩蓋了一些更棘手的問題。

首先，利益可能不會流向當地人，特別在生態旅遊這個標籤被濫用，拿來為掠奪式、不永續的大眾觀光作掩護時更是如此。有些案例如尼泊爾，研究人員發現，即使這些利益惠及當地人，最終也不足以防止環境惡化。[17]

但還是可以問問一個假設性的問題：如果沒有生態旅遊，會發生什麼情況？自然地帶的在地社區是會維持著原先的小規模、繼續與生態保持和諧關係，還是會出現更多榨取資源的產業？這可能是最難回答的問題。人類的故事——比如從捕鯊人變成貝卡潟湖的守護者的故事——或許能提供一些線索。不過，委內瑞拉亞馬遜河流域最近的例子也令人深感不安，該國多年的政治動盪扼殺了一度繁榮的生態旅遊業；到二〇二二年，就連加奈馬國家公園（Canaima national park）的最深處也因非法採礦而變得面目全非。《金融時報》（*Financial Times*）和其他媒體的報導講述了一個悲慘的故事：旅遊業工作者為了生計，不惜淪為非法礦工。[18]

總歸一句，生態旅遊是遊客和東道主有意識的選擇。不過，越來越多地方選擇以永續的做法，吸引遊客多花一點錢、多逗留一點時間、對自己的所作所為更小心謹慎——即使這樣做會讓入場人數減少。

斐濟旅遊局執行長布倫特・希爾（Brent Hill）告訴我：「我們不再只關注來訪的遊客數量。」斐濟重新將重點放在吸引更高價值的遊客，將他們分散到群島的三百三十個島嶼上。「如果人們真正和斐濟的環境產生互動，在這裡種珊瑚或紅樹林什麼的，他們就會願意保護環境、願意再回來，也會願意多花一點錢。」

如果說峇里島和墨西哥的坎昆（Cancún）等地需要從氾濫的過度旅遊中解脫出來，有些地方倒是需要更多的關注。例如亞馬遜河在巴西很有代表性，不過實際前往的遊客相對較少，但聽說過潘塔納爾濕地（Pantanal）的人就更少了。潘塔納爾濕地位於南美洲中部，是世界上最大的熱帶濕地，泡泡眼的凱門鱷棲息於此，美洲豹會悄無聲息地獵食牠們，但其實鳥類才是此地的主角：有鈷藍色的紫藍金剛鸚鵡（hyacinth macaw）、巨大的裸頸鸛（Jabiru stork），牠是美洲最大的飛鳥，以及同樣高大卻不會飛、像鴯鶓一樣的美洲鴕鳥（rhea）。潘塔納爾濕地是一個得天獨厚的生物多樣性熱點，因為這裡有許多長住的動物，也是候鳥往來南北美洲的重要休息站。

二〇二二年春天，我有幸在最潮濕的季節造訪這個濕地奇觀。大雨淹沒了視線所及的土地，看起來像一片凹陷的草原，草地和睡蓮與灌木叢交雜，深深淺淺的綠色多到我以前無法想像的程度。遠離熙熙攘攘的遊客區，在旅遊淡季，除了我和跟著我一起來的一小群朋友之外，完全沒看到半個從事生態旅遊的遊客。

羅貝托・克拉賓（Roberto Klabin）是巴西企業家和保育人士，他把兒時在潘塔納爾濕地的家改造成凱門鱷生態保護區（Caiman Ecological Refuge），為該地生態旅遊業的起步推了一把。他告訴我：「巴西這個國家不太被當作觀光景點……來巴西的人幾乎沒有人想要再往內跑大老遠去潘塔納爾濕地。」他指出，在二〇一八年，巴西接待了約六百萬名遊客，大部分都來自鄰國；也就是說，對於一個面積比泰國大十五倍的國家來說，該年接待的人數還不到泰國同年接待人數的六分之一。

羅貝托現在正投入一個為潘塔納爾濕地制定專屬法律規範的運動，他非常清楚這個生態系統有多脆弱。潘塔納爾濕地超過九成都是私有地，由於氣候變得更加溫暖乾燥，這裡傳統上低環境衝擊的牧場還是正在被集約農業取代。他說：「為了向地主證明潘塔納爾濕地值得保護，需要有人願意來見識這裡的生態奇觀之美，並為之買單。這包括來自聖保羅市（São Paolo）摩天大樓的家庭，他們還沒有見識過自己國家的自然財富！」

此行來到潘塔納爾濕地，我們住在阿拉拉斯生態旅館（Araras Eco Lodge），由羅貝托的一位老朋友經營，是該地區為數不多的生態旅館之一。安德烈和妻子從一個老牧場的營地開始（似乎所有生態旅遊的故事都是從在荒野上搭帳篷開始的），慢慢將阿拉拉斯打造成一個小規模、低衝擊的觀光事業。由於地方政府的政策支持，當地肉牛業又面臨衰退（雖然因此更促成了亞馬遜森林的砍伐），野生動物的數量因此回升。「我一九六七年來到這裡，花了十一年才真正看到美洲虎。如今，我們從阿拉拉斯旅館出發，搭船前往保護區，看到美洲虎之後還可以回來吃晚餐！」

安德烈告訴我：「這段旅程中，最令人心滿意足的就是我們合作和培訓的所有人，其中許多人現在正經營其他永續事業，為他們的社區創造生計。」我們好眼力的嚮導卡洛斯就是一個再貼切不過的例子，示現了生態旅遊為這片濕地帶來的經濟機會。卡洛斯跟我們講述他年輕時的故事，當時他和朋友會狩獵凱門鱷、水豚和各種鳥類，後來他卻成了熱忱的保育人士。「一隻快樂生活在樹上的金剛鸚鵡，現在對我們潘塔納爾人來說更有經濟價值！」安德烈對我說，他很高興自己能夠脫離獵人的生活，轉而選擇對我們周圍嘰嘰喳喳叫個不停的野生動物更友善的方式。

我提及潘塔納爾濕地，不僅是為了強調生態旅遊推行得當的益處，也是要凸顯其富饒中的不均衡。並不是每個生態系統都需要遊客進入，有些生態系統的確最好維持原樣，不受干擾。不過，像潘塔納爾濕地這類已經有私人土地所有權、道路和旅館的地方，確實需要更多遊客。想要透過創建一個商業案例，來保護金剛鸚鵡頭頂的藍色閃光或凱門鱷在水田中閃亮的牙齒，生態旅遊可能正是我們所需要的，或

潘塔納爾濕地最潮濕的季節。

許這個方法能夠拯救這片美妙的濕地，不讓它被大豆集約種植給摧毀。

不把碳問題考慮進去的話，對生態旅遊的檢視就不完整。本章各個故事發生的地方，距離你現在身在之處可能很遙遠，需要乘坐長途飛機、排放大量的碳才能到達。我們正深陷氣候危機中，無論這種旅行的附帶效益是什麼，這麼做真的合理嗎？

在「搭機可恥」（flight-shaming）的時代，一些細微的差別也可能會有幫助。事實上，像斐濟和帛琉這樣的發展中國家，或者像巴西的潘塔納爾濕地這種大國裡的偏遠地區，都處於海平面上升或極端天氣事件的最前線，但其實氣候危機根本不是它們造成的。假設每個國家都有一個名義上的碳預算——也就是在二〇五〇年之類的日期之前，實現淨零排放的路上允許排放的碳量——對所有國家採取一視同仁的標準，就不太合理了。為了度周末，千里迢迢橫越大西洋飛到紐約，理應被視為不必要和浪費。但理論上，像斐濟這樣的地方應該有一個名義上額外的碳預算，他們可以用這個預算來合理吸引穩定數量的遊客，不受個人碳足跡的牽連。雖說碳抵銷絕不該被當作免費通行證，但購買高誠信度的碳去除措施也許是適當的方式，來減輕飛行對氣候造成的一些危害。減少旅行次數和延長逗留時間也可能有點幫助。

此外，碳排放的計算或許不像我們當初想像的那麼偏狹。如果該地不推生態旅遊，就會為了木材和農業砍伐森林，那麼投入資金來保護自然碳匯，可能有助於抵銷部分旅遊排放，即使這些碳匯並沒有被納入正式的碳信用計畫。我不會假裝生態旅遊有一個明確的碳中和案例——很可能真的就是沒有——但保育工作帶來的碳效益絕對不容無視。

我們絕不能因為這些地方與世隔絕就懲罰它們。就算我們意在鼓勵所有國家減少排放，那些肩上擔子最重（也是歷史上排放量最大）的國家也應該更加把勁。該負起最大責任的發達國家可以先盡自己的一份力量，支付自己應負擔的份額，資助貧窮國家適應氣候變化。我們需要趕快採取行動實現航空業的脫碳，使遙遠的邊疆也能與全球的淨零世界接軌。

當然，生態旅遊不一定非要發生在世界各地的偏遠角落：我們完全有可能在離家不遠的地方，當個細心體貼、愛護自然的旅人，也應該在自己的國家公園跟鄰里社區和國家的野化計畫當中，盡可能探索這麼做的機會。但對於缺乏其他選擇的人，或者對於那些無力獲得納稅人穩定出資、由政府提供保護的地方來說，生態旅遊這種做法才尤其寶貴。

有哪些原則可能有助於實現生態旅遊一直以來的承諾？

更嚴謹地定義事物，是重要的第一步，就如同我們在本書中探討的許多其他商業案例一樣。單純指涉遊客和自然互動的「自然旅遊」（nature-based tourism）是一回事；以公平、非消耗性的方式積極為自然和人類造福的「生態旅遊」（ecotourism）或「保育型觀光」（conservation tourism）又完全是另一回事。

太過廣泛使用某個名稱，可能會使該詞彙的意義變得模糊，但政府不太可能介入加以規範。在缺乏約束的情況下，業者和遊客都必須力求透明，一方回報衝擊，一方研究衝擊，互相切磋求進步。在地和國際的業界團體也可以盡自己的一份力量：現在是時候攜手合作，創造出一個透明、類似公平貿易的認證計畫，來對優秀的實踐者加以認可。

運作良好的生態旅遊，一個重要因素是當地社區的參與，最終這些社區要能從中受益。最理想的情況，是由當地社區自行推動生態旅遊業務；如果是由外來者發起的，他們可以先傾聽在地人和原住民的聲音，邀請他們參與決策，尊重他們拒絕向外界開放的權利。如果這些民族能夠在知情的情況下做出決定，保留自己的能動性和尊嚴，就不會像外來的旅遊業者那樣，自願或勉強捲入文化的盲目崇拜

（fetishisation）。一旦錢開始流入，重點是當地人要能夠分享大部分利益，並獲得好的工作機會，就像維亞尼灣社區那樣。

生態旅遊業者還必須跟科學家和制定政策的人合作，將資源用於保護自然。在某些情況下，這可能是透過支付徵稅或稅金，來資助研究、執法和監測工作。我遇到的幾家業者都聘請了科學家駐地工作，來研究當地的生態系統，確保他們的活動對環境維持低衝擊。就算只是簡單提供當地人透過觀察和聆聽得到的數據，也能為整體保育工作產生幫助。二〇二二年，東南亞的非營利保育組織「萬態自然」（Mandai Nature）團隊提出了他們對保育型觀光的願景；對我來說，最引人注目的是他們呼籲業者在自身協助保護的地區，制定具體、可衡量的保育目標，然後每隔一段時間要報告進展情況。[19]

負責任的業者還可以在教育方面發揮重要作用，應用科學方法來提升環境意識，設法贏得人們的支持和認同。海洋協會（Oceanic Society）的「藍色習慣」（Blue Habits）計畫就是這樣一項工作，它應用行為科學的原則，與史丹佛大學設計學院合作，摸索實際有效的教育技術並形成藍本。該協會發現，納入相關原則的賞鯨之旅，在統計上顯著提高了參與者的「海洋認同感」、「環境後果及個人責任之間的關聯性」以及「實踐減塑行為的意願」。[20]

我們還需要避免過猶不及的陷阱。如果不控制遊客數量，生態旅遊很快就會難以為繼。事實上，許多漂綠的例子一開始只是小規模的活動，但後來以迅雷不及掩耳之勢擴展開來，變得跟大眾觀光沒什麼分別，地中海和加勒比海地區很多景點似乎都走上了這條路。

幾年前我住在峇里島南部時，親眼見識了無節制的旅遊是什麼樣子。大眾觀光和規劃不善的基礎設施導致了災難性的塑膠和垃圾問題，峇里島的紅樹林和河流因而窒息。機場後面藏著一座冒著黑煙的垃圾山，季節性降雨累積之下，部分垃圾便會滑入大海。

早在一九九〇年代初期，研究人員就已經強調過小規模旅遊逐漸演化成大眾觀光的趨勢。例如，卡特琳娜・布蘭登（Katrina Brandon）在一九九六年為世界銀行寫了一篇評論，至今對決策者仍有意義。[21]近三十年過去了，我與她交談時，她回顧了一個既實際又可行的重要發現。

「我試圖傳達的一點是，你可能要犧牲一些區域來做大眾觀光，作為資助廣泛公園系統的一種手段。有了健全的法律框架，自然地帶內的社區仍然可以透過收益共享機制，從大眾觀光中獲得報酬。在我看來，即便在當年，這種方法也能造福社區，比我過往所見的方式更公平，也會把敏感的棲地保護得更好。」在一個國家的發展結構中，已經存在大眾觀光的地區仍然可以維持一席之地；已經過度建設和退化的地區則可以提供機會，供人進行大規模的自然旅遊，產生的收益再用來保護更原始的地方，不讓太多的遊客進入造成負擔。

其實，即使是長期飽受衝擊的峇里島，壯觀的高地水稻梯田和森林依然安在，北部海岸也還保有一些健康的珊瑚礁；旅遊業提高了全島的收入，新一批積極進取的環保主義者亦開始呼籲變革。希望並沒有全然破滅，即使像峇里島這樣的地方，在未來還有機會重新開闢出一條不同的路。

我仍然深信，我們需要一種更靈活的旅遊模式，特別是在那些迄今尚未受到重大影響的地方。有鑒於地球生態崩潰，各國政府需要保持克制，利用科學方法決定可永續發展的遊客數量，在必要時搭配許可證和配額來進行管制。這個方法通常可以轉化為更高的價值，政府將從中獲得鼓舞。生態旅遊真的不是玩玩數字遊戲而已。但遊客也需要發揮自己的影響力，認定這是一種特殊的旅行，而不僅僅是另一次度假，承諾在每個地方停留更長時間，並在旅行期間盡自己的一份力量，除了足跡，什麼都不留下。

為了釐清為什麼這樣做終究是值得的，我一直回歸到不可否認的商業邏輯來談保護自然——至少某些地方是如此運作。在帛琉，研究人員發現了這樣一個商業案例：旅遊業占該國國內生產毛額（GDP）的百分之三十一，五分之一的潛水人士（比如我自己）選擇特地前往帛琉，就是為了看鯊魚。根據粗略的估算，排除更廣泛的文化和精神價值不計的話，棲息在黃金潛點的一百條鯊魚，每年的價值約為十七．九萬美元。[22]如果牠們全部被捕殺並分割出售，一次最多只能賣到一萬多美元。針對盧安達和烏干達的徒步尋找大猩猩之旅以及非洲南部野生動物保護區的研究，都得出了相似的結論：當替代選擇是開發利用時，採取生態旅遊相對是多麼有利的選擇。

早在一九九六年，卡特琳娜．布蘭登的評論就發現：「儘管存在著問題，但生態旅遊是少數能夠明確連結經濟發展與自然區域保育的潛力領域之一。」雖然自那以後情勢一直在轉變，新的商業案例也紛紛出現，甚至多到足以寫成一本書，但生態旅遊在調和經濟與生態方面，至今仍然扮演要角。

不過，生態旅遊以這種「向錢看」的方式來設定經濟誘因，引發諸多批評。「生態旅遊可以被視為全球資本主義體系的一部分，而非對該體系的任何挑戰。」雪菲爾大學國際關係系主任，同時也是生物多樣性保育全球政治的專家羅莎琳・達菲（Rosaleen Duffy）教授主張。[23]「生態旅遊巧妙地為各種組織（如非政府組織、多邊組織和政府）提供了一個共識來源，這些組織通常被認為是互相競爭的。……這樣的廣泛網絡，可以形成生態旅遊的強大支持群體，進一步又透過將自然納入全球資本的邏輯中，來擴大和強化新自由主義。」

類似的擔憂也不算多慮——畢竟，不太搭軋的搭檔湊在一起，總令人有所顧忌。我希望能有更明確的答案，來回應這些實質性問題。只不過，無論是好是壞，我們確實生活在一個全球資本主義體系中，但我們知道這個體系可以被重新塑造，也應該被重新塑造，除了重視金融資本之外，也要珍視自然資本和人力資本。我們沒有時間繼續等待，期盼得到完美的結果，反倒有一種渴望採取行動的需求，同時我們也越來越領會到思慮周全的生態旅遊應該是什麼樣子。因此，既然沒有那麼多無私的人願意掏錢透過影片連結「參觀」某個地方，邀請少數遊客親自體驗大自然的壯麗，仍然是為人類或為我們所生活的這個美妙、充滿野性的星球，創造雙贏

（無論多麼微不足道）的重要方式。

不管野生動物紀錄片和書籍有多引人入勝，都無法跟親身體驗相提並論。同理可證，就算生態旅遊的遊客再怎麼體貼，也不一定是毫無過失的利他主義者，但許多人確實因為他們的經歷產生了改變，如評論家所言，他們內在對大自然的支持更厚實了。心態和態度的轉變可能會持續一輩子。這個時代充斥著各種令人分心的事物和數位干擾，在此際為大自然這個古老的理由發聲，比以往任何時候都更加重要。

第四章

野化與再生

和往常一樣，我又遲到了。「我們鸛巢旁見吧。」日正當中時，電話那頭傳來沙啞的聲音；我們開著一輛破舊的四輪傳動車，沿泥土路顛簸行進，任務是要找到我的嚮導和同行者，準備展開這天早上的野生動物觀察之旅（Safari）。

我一邊喘著氣跟大家道歉，一邊欣賞鬱鬱蔥蔥的景色。叢叢灌木、草原和林間草地相互交織，野花點綴其間，蜜蜂四處嗡嗡飛舞。食草動物自由自在地漫步，啄食著青枝綠葉，對訪客不太在意。數十隻雄偉的白鸛，乘著春日午後的氣流不斷盤旋上升。自然看似無窮無盡，一直延伸到地平線之外。

但我人並不是在塞倫蓋蒂國家公園（Serengeti）的平原或黃石公園的高原上，而是英國西薩塞克斯郡（West Sussex）的聶普城堡莊園（Knepp Castle Estate），距離倫敦蓋威克機場（Gatwick Airport）只有十六英里。我來到這裡，是為了參訪一個將自然重新引入農業體系的實驗，實驗時間長達二十年。聶普城堡莊園已經開始「野化」（rewild）薩塞克斯原野（Sussex Weald）的一角，試圖從生態和財務面讓此地重現生機。

聶普在變成耕地之前，也不盡然都是這種伊甸園般的英倫風光。查理・伯勒爾（Charlie Burrell）在二十二歲時從祖父手中繼承了這個莊園，當時這片土地已經進行集約農耕數十年。起初，查理和妻子伊莎貝拉・特里（Isabella Tree）堅守正統觀念，投入巨資在機械和現代化育種，試圖改變農場的經營方式，結果完全徒勞無功：就算加上所有的投資和農業補貼，聶普還是入不敷出。

那時他們沒有想到，聶普城堡莊園所在的西薩塞克斯郡屬於重黏土，伯勒爾家族世世代代建立的集約農業耕作根本不適合該地區的生態環境。在伊莎貝拉和查理決心另起爐灶之前，聶普已經欠下了超過一百五十萬英鎊的債務。由於政府為再生計畫提供經費支持，這對夫婦決定將他們的集約農耕事業轉成自然復育基地，引進埃克斯穆爾小馬（Exmoor ponies）、鹿、長角牛和泰姆華斯豬（Tamworth pigs），讓自然在這個占地三千五百英畝的農場上恣意蔓延。

當我們回到城堡吃午餐時，伊莎貝拉說：「第一年時，我還記得在外面散步，穿越野花叢時，又聽到昆蟲和鳥兒的聲音，我心想這一切都是值得的。」伊莎貝拉的暢銷書《野之生》（*Wilding*）生動地講述了聶普莊園的故事，以及他們最終克服種種考驗、實現理想的過程。

現在這片莊園是英國動物數量最多、生態最豐富的地方之一：夜鶯、斑鳩、數十種蝴蝶（包括罕見的大紫蛺蝶）、十三種蝙蝠和五種本土的貓頭鷹。二〇二〇年，聶普孵育出六百年來英國第一批白鸛，這個鳥種長期以來在英國已公認滅絕，後來又被重新引入進行繁殖。[1]二〇二一年，附近的阿杜爾河（River Adur）引進了兩隻河狸，是該地區四個多世紀以來首次再現河狸的蹤跡。[2]即使是相對常見的物種，觀察起來也令人心情愉悅。在城堡後面的野花草坪上，伊莎貝拉、查理和我沉坐在休閒折疊椅裡，看著一群紅鹿在聶普莊園的蓄水池附近嬉戲，耳邊傳來熱鬧的鳥鳴聲。

結果令人大為振奮，不僅野生動物回歸，聶普莊園現在的盈利還很可觀，其「野地牧場」的鹿肉、豬肉和牛肉的銷售額、遊客的生態旅遊收益，再加上用作倉儲、輕工業和辦公空間的農舍租金，以及國家提供的環境補貼，累計起來超過英格蘭低地農場平均每公頃的收入，甚至超越土壤品質更好的農場。

來去自如的埃克斯穆爾小馬
在聶普莊園裡吃草。

＊＊＊

聶普不再只是一個單純的農場，這裡現在被視為「野化」（rewilding）的一個例子，其他案例包括重新把狼引入黃石國家公園裡，或英國最大規模的棲地復育計畫凱恩戈姆地主生態聯盟（Cairngorms Connect）正在蘇格蘭啟動洪泛平原、泥炭地和林區的復育行動。大家都知道，在嚴重受損的生態系統中，如英國和歐洲大部分地區發生的野化，可能都顯得平平無奇，畢竟短期之內，不太可能有大型食肉動物出現在倫敦的周邊地區。

查理告訴我：「我們漸漸學到，聶普莊園的主要目標是進行復育（restoration），它正在為未來創造新的棲地，成為大自然的一艘救生艇；次要目的則是糧食生產。」他強調聶普的角色跟農業體系有別，但又互相補充。「為了建立更廣泛的支持系統來生產健康的食物，我們需要恢復土壤——原本的地貌必須得復原。」

「因此，你需要這些保留給自然的核心區域，這個區域可能只占我們土地的三成，另外的七成則必須更具生產力，而且是以再生（regenerative）的方式進行生產。」查理告訴我，一邊展示給我看一幅他委託藝術家描繪的英國鄉村的願景圖。在兩條高速公路和一條環繞的運河交會的區域，原本單一種植大麥的景象已經不再，取而代之的是野花草地和野性的河流，土壤和天空充滿生機。

「因此，核心區域被還原為自然狀態，同時景觀也改變了，多了讓野生動物移動的廊道和機會。再生農業和野化共同作用之下，最終形成了一個截然不同的景觀、一個截然不同的未來，既富有生產力，又對自然大有裨益。」查理正在與周邊地區的農民合作，藉由名為「從原野到海洋」（Weald-to-Waves）的計畫，把聶普莊園到薩塞克斯海岸的範圍串接起來，將願景變成現實。

不是所有地方都需要變得跟聶普莊園一樣；但像聶普這樣的野化計畫以及現存的荒野地區，應該也成為再生農業百態的一環，藉由高生產力、低衝擊的農業生產，輔以新興食品科技和植物為主的飲食，幫助我們減少對土地的需求。特別在土地受損或缺乏生產力的情況下，保留更多區域來進行野化，其實也只是解答的一部分；我們還需要讓那些積極管理的農業區重新活絡起來，為世界供應糧食。恢復我們的耕地本身及其周邊的自然，不僅為正在枯竭的糧食系統提供了前進的道路，還帶有一個很有說服力的經濟論據。

從事生產自然正成長的糧食意味著什麼？正如我們在本書中談及的各個領域常見的情況，再生農業並沒有一個普遍認可的詳盡定義，生產者能掌握的是一套自然友善的干預工具，他們可以根據自己土地的特點，來應用這些工具。

土壤健康是再生農業的核心，要讓農田下方的土地生機活絡的一種方法，就是讓它保持原樣。慣行農法會在兩次收成之間翻耕，通常使用重型機械，以去除雜草並打碎土壤，為新的種植做準備。但簡言之，翻耕對土壤會造成很大的傷害，風和水更容易吹散維持植物生命的珍貴有機物。再生農業的做法選擇放棄翻耕，改在收成之間種植黑麥和苜蓿等「覆蓋作物」（cover crops），以保住土壤中的養分和生物。

再生農業盡可能避免使用化學物質，甚至在某些情況下完全不用。合成肥料、殺蟲劑和除草劑是現代農業的支柱；從二十世紀下半葉起，廣泛運用這類化學品使得全球作物產量大幅提高，但大家現在都知道，這些合成添加劑對我們的野生動物和水域產生了災難性的影響，甚至可能戕害我們的健康。現在再生農場試圖透過多樣的自然體系，達到同樣的效果。動物糞便可以發揮合成氮或磷的作用；食草動物、昆蟲和鳥類可以抑制害蟲和雜草。

再生農業實踐的另一個核心原則是擁抱生態多樣性。再生農業的生產者避免採取歐洲或美國中西部長期以來偏好的單一種植方式，反而努力創造多樣的植物和動物群，有些是野生的，有些是馴化的，牠們可以互相為食，在每個農場建立一個有益的生態系統。人們越來越意識到，樹木是這個平衡關係中的一個重要部分：混農林業（agroforestry）和林下畜牧（silvopasture）這些術語，都是指將樹木整合到生產性耕地或放牧系統裡頭，帶來數不勝數的好處，包括遮蔭、土壤保護、碳儲存以及樹木作物本身帶來的附加收入。過去因為單一種植曾經砍掉樹籬，重新種回這些樹籬可以為有益物種提供庇護處和飼料，有助於促進生物多樣性。農場的多樣性不僅僅包含我們能看到的生命形式：一茶匙健康土壤就能容納十億個細菌，對於分解有機物質並將養分送回作物根系，發揮著至關重要的作用。更健康的土壤裡，這些隱形盟友的數量通常更多，且更加多樣化。

馴養的動物通常會在再生農業的系統中發揮作用，但並非絕對。土壤貧瘠的地方過去多半是雜木林或開闊的大草原，就像聶普莊園一樣，那裡原本的食草動物及其天敵早已滅絕，馴養動物這種做法通常很有幫助。即使是種植小麥或玉米的行栽作物系統（row-crop systems），也可以引進雞或鴨等家禽，讓牠們在田間自由活動，吃害蟲和雜草，牠們的糞便還能進行養分循環。

野化與再生農業有何不同？我們可以把它們都視為景觀再生的形式，同樣秉持著恢復生物多樣性的原則，但最終目的不同。就野化計畫而言，保護和恢復自然是目標，食物只是相對次要的副產品。這些地方通常會針對其產品收取高價，但大部分收入來自生態旅遊或生態系統服務費等其他管道。

再生農業的主要目標則是生產自然友善的糧食；採行這種農業路線時，可以應用再生原則來改造更傳統、歷來生產力較高的農業景觀，產出的糧食數量更為可觀。採取不翻耕或覆蓋種植等措施，對自然環境和農民都能帶來更大的效益。土壤健康學會（Soil Health Institute）對美國九個州共一百位行栽作物農戶進行了調查，發現其中百分之八十五的農戶採用這些農法之後，收入皆有提升。[3]其中一些收益來自勞動力和肥料等投入成本降低，另外則是輸出價格提高，但實際上有三分之二的農民確實成功增加產量。除了直接的經濟收益外，大家都不約而同表示，土壤健康、水質和作物韌性都有明顯的改善。

最起碼，與自然共好的干預措施可以幫助減緩對自然的影響，即使在集約農業系統裡也有效。比方說，在加州的中央谷地（Central Valley），「樞軸生技」

（Pivot Bio）和「吾土」（MyLand）等公司正率先投入生物資源，如噴灑或滴灌固氮微生物到植物上，來替代合成肥料並提高產量。同時，在印度北部的農業帶，有一種安裝在拖拉機上的機器叫「快樂播種機」（Happy Seeder），讓農民能夠在不翻土的情況下播種，幫助他們採用免整地、免燃燒的耕作方式，將碳鎖在土壤中，減少每年冬季壟罩德里的稻梗煙霧。

雖然我把上述不同形式的再生糧食生產稱為「與自然共好」（nature-positive），但不是所有人都會同意處於機械化、自動化那個光譜端的農民有資格獲得「再生」的稱號。完全有機、不含化學物質的生產方式可能很適合某些作物，也受到某些內行的消費者的青睞；我們絕對應該鼓勵這些市場和方法擴大規模。但在我看來，並非所有的再生都必須是有機的，也不必完全杜絕使用化學物質，才能讓土地恢復生機。

對於大多數農業系統而言，與自然共好的農業最終是要找到一個平衡點，目前主流的單一種植方式高度依賴化學物質又耗損土壤，離平衡還差得遠。但並不是每一塊土地都能像聶普莊園那樣充滿野趣且深具啟發；全球才剛剛開始踏上為農地找回自然的旅程，即使只是擺脫工業化農業標準做法的一小步，也值得掌聲鼓勵。

＊＊＊

關於再生農業的任何討論都會回到一個基本問題：如果不採用集約化的耕作方式，我們能否種植出足夠的糧食來養活全世界？

雖然我堅信有必要擺脫工業化農業，但我們這些希望開創不同道路的人必須先承認，舊模式的確讓生產力突飛猛進（雖說持續不了多久），也避免了廣泛的缺糧現象。生物學家保羅．埃爾利希（Paul Ehrlich）在一九七〇年代提出「人口炸彈」（population bomb）和全球饑荒的警告，即便後來都沒有實現，但我們不難理解為什麼會做出這樣的預測：一九六六年，美國將其四分之一的小麥產量運往印度以避免饑荒，當時並不確定是否能夠打破馬爾薩斯模式（Malthusian paradigm）⑥。

隨後便是諾曼．布勞格（Norman Borlaug）等科學家推動的工作，他是「綠色革命」（Green Revolution）⑦的核心人物，該革命選育了適應力更強、產量更高的作物，將其推廣到已開發和開發中國家。布勞格在一九七〇年獲得了諾貝爾和平獎，表彰他在避免大規模饑荒和提高農民收入方面的成果。如今，印度的旁遮普邦（Punjab）等地的每英畝產量已擠身世界前列。布勞格推動的工作後來被大量的基因改造生物（genetically modified organisms，簡稱 GMOs）取代，也就是利用科技完成他以人工雜交所做的事情。在美國等允許使用基因改造生物的地方，產量已經提高到前所未聞的程度。

但這一切都付出了巨大的生態代價。小麥、稻米、油棕和大麥等作物的單一種植，加上牛肉和乳製品的工業化生產（乳製品也依賴穀物和大豆作物為輔助飼料），導致地球表面四成的土地變成了耕地和牧場。農業是亞馬遜地區和婆羅洲等地森林砍伐的主要驅動因素。現代農耕除了面積不斷擴張，還非常耗水；七成以上的淡水都用於農業，其中大部分現在是來自灌溉系統，而非依靠降雨。

最巨大的變化之一，就是所投入的化學物質增加。自一九六一年以來，氮肥的全球消耗量增長了九倍，鉀和磷的用量各增加了約四倍。單一種植的興起也免去了

⑥譯註：十八世紀時由英國學者馬爾薩斯（Thomas Robert Malthus）提出的論點，認為世界人口數量將以等比級數成長，但糧食產量僅以等差級數增加，兩者的數量差異將導致飢荒與戰爭，才能限制人口增長，並會出現貧困和人口減少等情況。

⑦譯註：一九六〇年代末，墨西哥、菲律賓、印度、巴基斯坦等發展中國家為了解決糧食問題而推廣的大規模農業改良革命，透過改善灌溉設施、運用機械耕作、引進高產作物、大量使用化學施肥來增加糧食產量，帶動了慣行農法的發展，但也對水源及土地造成了嚴重的汙染和危害。

自然控制病蟲害的生物防治措施，這意味著農民必須付出人為的補償。現在有超過四百萬噸化學殺蟲劑被噴灑在農田裡，扼殺了生態平衡的那麼一點微光，使這些系統完全依賴人類管理的高壓手段。這些化學物質接著擴散到更廣泛的生態系統中，造成水體裡的死區（dead zones），以一氧化二氮和氨的形式排放，直接導致氣候變遷和空氣汙染。

隨著農田生物多樣性的崩潰，這些土壤曾經擁有的碳儲量也因此消失，為了種植或放牧而被清除的原始森林所含的碳儲量也是。根據聯合國糧食及農業組織（Food and Agriculture Organisation of the United Nations，簡稱 FAO）二〇一五年的數據，全球至少有三分之一的土壤處於「貧瘠或非常貧瘠」的狀態。[4]自從一萬兩千年前人類開始耕作以來，估計已經有一千三百三十億噸碳從土壤釋放出來，其中大部分是在過去兩百年間流失的。[5]

在糧食安全方面，與其問我們是否有能力採行再生農業，不如問我們是否有能力持續做下去，這才是更實在、更要緊的問題。雖然目前慣行農業的產量似乎很高，但對我和許多其他人來說，我們的糧食系統就像一棟房子，建在正迅速崩解的生態地基之上。儘管到目前為止，現在的糧食系統還支撐得住，但蟲害、植物病害、土壤沖蝕、汙染和氣候變遷不斷加劇，很可能在未來數十年內使產量倒退。

目前的農耕體系維持苟延殘喘的一種方法，是將荒野轉為耕地和牧場，來取代已經受損的土地。事實上，這正是巴西的牛肉牧場主和加拿大、俄羅斯的農民所選擇的解決方案——用他們一手扼殺的貧瘠土壤，換取富饒肥沃的森林和北方針葉林土壤，讓自己能再好好過上幾年。但正如我們在本書看到其他地方的處境——實際上，按照常理推斷——這種路線無法讓我們擺脫目前的困境，只不過是推遲清算日的到來，必然的代價就是生物多樣性持續崩潰和碳排放。一定還有更好的方法。

與其無止盡地到更遠的地方尋找新的耕地，與自然共好的做法能幫助目前使用中的農地恢復生機，甚至在未來幾年裡減小農業的占地面積。

證據之一來自羅德爾研究所（Rodale Institute），這是一個致力於有機農業研究的非營利機構。長達三十年的並行田間試驗顯示，雖然農場轉向再生耕作的頭一兩年，產量可能稍微下降，但之後就會躍升到跟慣行農法相近的水平。不過，真正的好處是當農場受到乾旱或病蟲害的衝擊時，再生農業固有的多樣性可以使農場更具復原力。正如我前面提到的，農場不必完全斷絕化學物質投入，比方說，有目的地應用除草劑，有助再生系統在初期雜草蔓生時保持高產量。而且總算有一整套新研究，顯示微生物多樣性如何對長期的土壤和植物健康發揮作用，然而其重要性卻被嚴重低估，藉由再生耕作和生物資源來代替肥料和殺蟲劑，可以有效提高微生物多樣性。

實際案例都表明，大規模的再生農業系統也有辦法維持產量，甚至還提高產量。巴西的巴爾博集團（Balbo Group）整個生產過程都採用對土壤友善的機械、生物防治和有機肥料，初期的過渡後產量增加了兩成。[6]巴爾博的有機糖品牌Native每年生產七萬五千噸有機糖，占全球有機糖市場的三分之一以上。

這種餵養世界的方式，甚至得到諾曼・布勞格的國際玉米和小麥改良中心（International Maize and Wheat Improvement Centre，西文名稱縮寫為CIMMYT⑧）的支持，這個組織過去負責監督全球收購來的高產量、抗饑荒的單一種植作物，現在則支持一種名為「可持續集約化」（sustainable intensification）的方法，這種方法融合了許多我們在本書中探討過的自然共好原則。

CIMMYT在二〇一八年承認：「綠色革命帶來了意想不到的環境和社會後果」，並表示相關科學家已經開始「更加重視環境和社會方面的問題，例如保護土壤和水源，確保邊緣群體也能融入社會。」[7]如今，CIMMYT已轉向研究保育性農業（conservation agriculture）；例如二〇一四年到二〇一八年運作的「東部和南部非洲的玉米和豆科植物的可持續集約化」（Sustainable Intensification of Maize and Legumes in East and Southern Africa，簡稱 SIMLESA）計畫顯示，施行可持續集約化後，馬拉威的水滲透增加了六成到九成，玉米產量提升一成到五成。在衣索比亞，作物多樣化、減少翻耕和改良品種後，作物收入幾乎翻了一倍。[8]

我個人仍然懷疑，再生和有機農業的產量，究竟是否能跟生產力最高的工業農業系統相匹敵。事實上，糧食與土地利用聯盟（Food and Land Use Coalition）的一份綜合報告研究了超過五十篇已發表的論文，從不翻耕到混農林業等各種再生農耕法都有提及，結論是再生農業對土壤碳和生物多樣性具有顯著的正面影響。然而，他們發現產量的影響，取決於所使用的系統和起點基準。「好消息是，有很多再生農業系統是有利可圖的，可以固碳並增進生物多樣性。」他們下了這樣的總結。[9]

我們無須證明再生農業在每一種情況下都能帶來更好的產量，但大可承認在肥沃、未受破壞的土壤上實施慣行農業，產量可能會更高，還能維持好一陣子。不

⑧譯註：西文全稱為 Centro Internacional de Mejoramiento de Maíz y Trigo。

過，世界上已經很少有這樣的土壤可以用來種植農作物了。現今的情況，已經跟綠色革命開始時不同。時代和土壤情況已經改變，我們也需要隨之變化。

產量問題與所有生產的最終目的密不可分：維持我們的飲食。這些年來，人們的飲食越來越偏重肉類：自一九六一年以來，全球的肉類產量增加了五倍多，而世界人口只增加了一倍多。[10]這一趨勢與收入上升密切相關，富裕國家居民的肉食攝取量遠高於不那麼富裕的國家。

除了在狹窄的環境中飼養數十億隻動物並大規模屠宰牠們所帶來的道德不安之外，肉類生產還導致了巨大的生態代價——新聞工作者亨利．曼斯（Henry Mance）在《如何愛動物》（*How to Love Animals*）一書中對這個課題提出充滿洞察又不帶批判的觀點。全球農作物生產的卡路里中，只有百分之五十五用於餵養人類，超過三分之一被轉用於餵養動物。[11]動物在食物金字塔中是效率極低的中介者：餵給動物的卡路里中，只有大約十分之一最後被轉化為供人類飲食的肉類和乳製品。我們的飲食還伴隨著荒謬的食物浪費；生產出來的所有食物約有百分之十七被丟棄，加起來總量接近十億噸食物，而這些原本可以用來填飽更多人的肚子。[12]

現實情況是，我們生產的卡路里已經足以為九十億人供應健康、均衡、以植物為主的飲食。歷史上多數時候，這確實是全世界普遍採用的飲食方式；過去大約半個世紀以來，肉類消費急遽增加，才是歷史上的反常現象。EAT-Lancet 委員會⑨提出了一項重新平衡我們飲食的建議，制定出「地球健康飲食」的方案，這裡面並沒有完全摒棄肉類和乳製品，而是將它們減少到對人類和地球都更有益處的程度。《自然》（*Nature*）期刊的一項研究發現，如果高收入國家全面採用這種飲食，將釋放出一個面積比歐盟略大的區域，平均飲食的碳成本也會降低近三分之二。[13]

科技可以是自然共好農業的一個強大助力。像「不思議漢堡」（Impossible Burgers）和「超越肉類」（Beyond Meat）這類植物性產品，以及越來越多精密發酵或細胞培養的產品，正在創造出動物性蛋白的替代選擇，令人嘆為觀止。可能再過不久，我們所生活的世界裡，這些產品將會與它們的動物源同類產品非常接近

---

⑨譯註：原文為 EAT-Lancet Commission，為醫學期刊《刺胳針》（*The Lancet*）和推動糧食系統轉型的非政府組織 EAT 論壇（EAT Forum）合作發起的平台，目標是透過健康飲食和永續糧食生產來達成科學共識。

（在很多人看來，此情此景已經實現了）。這類科技建構的替代品所造成的生態足跡也輕得多，例如：「不思議」公司宣稱，跟牛肉比起來，其漢堡生產所需的土地減少了百分之九十六、用水減少了百分之八十七。[14]這一切的結果是，我們可以拿目前餵養食草動物的大片土地來做些別的事情。環境思想家喬治·蒙貝特（George Monbiot）在他的著作《再生》（*Regenesis*）中提出令人信服的論點，認為畜牧業的關鍵問題在於占用了太多空間，無論是直接占據土地還是用來種植飼料都算，以至於留給野化的空間所剩無幾。他主張，利用精密發酵等新技術製造的「非農場」（farmfree）食品，輔以適當的保障措施，確保這些創新做法被視為公共財，可能是一種擺脫依賴畜牧業的關鍵途徑。如果這些技術擴大應用，有可能在減輕土地壓力方面發揮重要作用。

但畜牧業的支持者有時會說，有些邊陲土地不適合傳統農業，那些土地實際上「生產不了什麼東西」。事實可能確實如此，但除了集約放牧之外，還是有其他具有生態效益的選擇。集約放牧使得過去豐富多樣的地貌變得一片光禿，長不出樹來。要改變這種系統，可能需要我們正視自己根深蒂固的田園幻想，別再把為一望無際、連綿起伏的草丘看成美麗又自然，其實它們常常就是生態沙漠。

與其責難那些為了滿足我們的肉食癮而密集飼養動物的農民，我們可以不要那麼苛求土地的產出，對於轉向提供生態服務的農民，也該給予公平的補償。想像一下有更多像聶普莊園這樣的世界：我們從「邊緣」的土地上撤離，讓它們重新長成自然的綠地和野生動物棲地，同時或許還能靠那些自由放養的動物生產少量優質的肉類。

我非常滿意自己的無肉飲食，大量美味的植物蛋白和肉類替代品讓我的飲食變得簡單多樣。不過，時間久了，我也逐漸體會到我的很多朋友賦予肉類和乳製品的情感和文化價值。我必須承認，即使技術更進步、公共政策更明智，人們的環境意識也日益升高，肉類在短時間內似乎不太可能從我們的飲食中完全消失。其實也沒必要完全消失。我們該做的，就是把肉食重新變成一種享受，而不是每天的「必需品」，這樣我們就可以暫停一下，為自然留出空間，然後逐漸扭轉整個地球面臨的農業擴張。

就算有可能在餵飽世界的同時，又恢復它的生機，農民是否經得起做出這類改變，還依然維持住生計呢？就算與自然共好的農業或野化是我們該做的事，它們真的有商業價值可言嗎？

「查理和我並不是蓄意要破壞，我們只是沒有動機去為自然考慮。」伊莎貝拉．特里在《野之生》書中寫道。「像大多數農民一樣，我們認為自己是土地的管理者，但在內心深處，我們覺得大自然跟農耕事業無關，自然是發生在其他地方的事情，跟農業的實用經濟相去甚遠；我們環遊世界去看野生動植物；我們發起運動，阻止砍伐雨林和修建水壩，卻對自己後院正在發生的事情視而不見。如果集約農業有利可圖，我們一定還會繼續這樣做。」[15]

問題是：在很多情況下，集約農業之所以有利可圖，是因為有巨額補貼支撐著現行制度。二〇二一年，據聯合國估計，各國政府每年提供給農民約五千四百億美元的補貼，約占總農業生產價值的百分之十五，其中九成以上用於補貼「有害的」——也就是慣行的——集約生產方式。

儘管有這些補貼，我還是驚訝地發現，查理和伊莎貝拉之前的財務困境並非個案；大多數採用集約耕作的農家根本賺不了多少錢。在美國，半數以上的農場在任何一年都處於虧損狀態。[16]在印度，即使有促成綠色革命的化肥補貼和最低支持價格（minimum support prices），許多農民仍然度日艱難。很多人在每次收成前都會負債購買種子和化肥，土壤退化和天氣因素導致作物歉收更令情況雪上加霜。他們的故事往往以悲劇收場，每年有超過一萬個印度農民自殺。[17]已開發和開發中國家的情況類似，集約農業讓大規模農業生產者和加工商口袋賺得飽飽，但對於普通納稅人和小農來說，卻沒什麼商機。

退一步說，我們可以清楚地看到，密集型生產方式只能通過耗盡支持生產的土壤健康和生物多樣性，來生產廉價且充足的糧食。終究會有一天，這些資源存量無法再維持我們習以為常的低成本、高產量的耕作。因此，再生（regeneration）說到底就是要重建這些資源，建立一個可長期持續發展的系統。

企業家拉斯．康瑟（Russ Conser）與美國數十家崇尚自然的農場主合作，協助他們將再生產品直接銷售給消費者。他讓我理解了生產者近來對再生農業興趣濃厚的原因：「這種現象並不是因為資本或投資湧入所推動的，而是因為農民厭倦了工業化農業，正在尋找更好的出路。」他說：「他們不滿的也許是昂貴的種子和化肥，也許是不公平的行業結構。這種結構意味著，對消費者來說，產品的價格上漲，大型肉類公司的利潤也上升。農民在其中無利可圖，因為在當前的市場（結構〕下，供應者毫無影響力。」

查理．伯勒爾指出，他的人際網絡中有些農民從事生產力更高的再生農業，而不是像聶普莊園那樣任其野化，他們的財務因此得到了改善。「一旦放棄耕地，你就不需要安置大量的機械設備，因此釋放出許多資金和空間來做其他事情或尋找其他收入來源。」他說：「你現在獲得一個不再如此依賴燃料、能源和大型機具的系統。藉由再生農業，大自然又回歸到景觀之中，〔然後〕你突然擁有了一個真正先進的體系，經濟效益也很好。」

在地球的另一端，查爾斯．馬西（Charles Massy）在二〇〇〇年改採用自然共好的方法來運作他位於澳洲西部的羊農場之後，成本降低了高達九成。[18]馬西現在熱心倡導再生農業，他在《葦鶯的呼喚》（*Call of the Reed Warbler*）一書中寫道，這種轉變有助於創造更高的經營利潤，同時在一片曾經被荒漠化、過渡放牧的土地上，恢復野生動物的棲息地，比方書名提到的葦鶯。[19]

在已經退化且因此不再適合工業化農業的土地上，再生農耕尤其有成本效益。根據一些估計數據，例如投資再生農業的公司 SLM Partners 提出的估量就是其中之一，顯示經過幾十年的土壤流失，全球多達三分之一的土地可能符合這一描述。

SLM 把這種投資退化地貌的策略稱之為「生態逆轉」（ecological turnaround），這些土地通常可以用跳樓價買到或租到。[20]該公司已經在智利和澳洲買下了受破壞的牧場，目標是靠再生農法將產量翻倍。類似的技術正應用在巴西退化的牧場土地，還有印尼和馬來西亞森林被砍伐後的土壤上。

除了減少土地和投入的成本之外，種植者和牧場主在轉向自然共好的方法時往往會發現，他們的優質產品能夠賣出更高的價格。聶普的野生肉品和藍巢（Blue Nest）的牛肉售價都高於普通的同類產品；同樣的情況也適用於林下種植的咖啡、可可和香草。隨著越來越多生產者轉向再生農法，這些多付的價格很可能會隨著時間消失。即便如此，短期之內這些多付價格還是能夠為那些早早就採用再生農法、又懂得為自家產品說個好故事的人提供很大的幫助。

碳市場也開始為願意做出這些轉變的農民提供額外的收入來源。例如，美國的農民合作社藍多湖（Land O'Lakes）與微軟公司合作，獎勵那些改採新做法的農民，讓土壤裡有更多的碳儲存。Truterra 碳計畫於二〇二一年啟動，農民每多額外儲存一噸碳，就能獲得約二十美元的報酬。這麼說可能更清楚：一個再生農場的每英畝地每年可多儲存〇・二至〇・七五噸碳。[21]在英國、法國和比利時，土壤資本公司（Soil Capital）也推出了類似的計畫，每儲存一噸碳，該公司就會支付至少二十三英鎊。[22]

話說回來，謹慎一點總沒壞處。土壤碳科學遠不如樹木碳科學先進和成熟。首先，土壤碳的估算值在不同的田區之間、在深層和淺層土壤之間都會有很大差異，即使在實驗室內測量也一樣，更不用說使用遠距方法來估量了。

更複雜的是，再生農業的碳儲存效益仍在研究當中，不同研究得出了各式各樣的結果。以不翻耕為例，其碳排放影響似乎因環境而異，「在某些情境中，比如寒冷、潮濕的氣候條件下，地表碳增加和地下碳減少往往會互相抵銷；在更溫暖、乾燥的環境中，深層碳減少的情況似乎不太普遍，整體來說，不翻耕對碳儲存應該算是正面的影響。」非營利組織CarbonPlan在一份文獻回顧中寫道。[23]如果一塊田地後來被犁耕並轉回慣行的耕作方式，最後所有的碳都重新釋放到空氣中，這種風險也是真實存在的——雖說參與這些計畫的農民，通常會承諾在十年內都維持再生耕作的農法。再多嘴一下，混農林業系統若有在其農田或牧場裡「種樹」的話，所要承受的不確定性就不會那麼高，而鼓勵採用混農林業的碳計畫，無論是數量和複雜度都不斷增加。算是個好消息。

在「土壤碳」方面，科學家和商業模式對其掌握度越來越高，當然也有些買家樂於在這種過渡時期容忍一些不確定性，以幫助啟動這個市場。農民若願意早日加入迅速發展的土壤碳市場，可能就會發現，自然共好生產這種經濟方式越來越受歡迎，說到碳又為其加分不少。不管怎麼說，我認為再生農業能為大自然帶來的真實效益當中，土壤碳效益可能是一種潛在好處，這種效益本身應該足以為變革提供強而有力的理由。

雖然從長遠來說，經濟前景看似樂觀，但生產者往往會因為頭幾年的轉型成本而卻步，因為他們必須進行新的投資、更換設備、學習新技能，而且可能得在新的生態環境鞏固的一兩年內，接受產量較低的現實。指望農民自己變出資金、轉投入再生農業是不用想了，因此大公司開始介入。例如，市值兩百五十億歐元的跨國食品公司達能（Danone）正在提供農民長期合同，幫助他們投資再生農業實踐；在歐洲，超過四成的達能供應商從此類合同中受益。[24]同樣地，政府補助和稅收減免也正在重新制定中，幫助農民跨越財務深淵，轉向更有利可圖的再生模式，我們稍後將在本章看到這一點。

轉型可能很棘手，需要做好準備。斯里蘭卡在有機農業的全國性實驗失敗，就是一個警示。二〇二一年年中，面對迫在眉睫的經濟危機和缺乏強勢貨幣的情況下，斯里蘭卡政府全面禁止進口合成化肥和殺蟲劑，據稱是為了節省稀缺的美元。但由於幾乎沒有過渡時間，也缺乏有機農藥和肥料的支援，這種輕率的政策效果極差；稻米產量下降了兩成，經濟危機因而加深，到了二〇二二年，政府在被民眾抗議推翻之前不得不改變方向。了解自然共好農業的人很少會建議效仿斯里蘭卡政府的方式，因為這種做法會對一個原本可以在幾年內擺脫化學物質的糧食系統造成沉重的打擊。儘管以長期案例來說可能很有說服力，但斯里蘭卡的經驗警惕眾人，企圖抄捷徑和一廂情願是很危險的，應該要慎重計畫和掌握嚴謹的科學基礎。

總之，再生農業不是萬靈丹，它本身無法使農民擺脫當前制度的束縛，也不能自動改變農民或地球的命運。不過，恢復土壤健康和生態系統功能是我們對未來糧食安全的一項投資——這項投資刻不容緩，久而久之，它會為農村經濟帶來有意義的回報。

我們從其他商業案例中看到，決定好共同語言可能是明智之舉，能夠讓市場更清晰。美國農業部有機認證（USDA Organic certification）計畫顯現出一套明確的標準所能產生的效果。該認證標籤於二〇〇一年首度推行，目前生產者和消費者都知之甚詳，幫助創造了一個蓬勃發展的有機農產品市場。

再生農業則比較難一言以蔽之。一項二〇二〇年的研究檢視了超過兩百五十篇期刊文章和網站，發現有大量不同的定義，有強調過程的（例如覆蓋作物、畜牧業整合和減少翻耕）、有強調結果的（例如改善土壤健康、固碳和增加生物多樣性），也有結合兩者的。[25]

面對一個新興且分散的市場，該篇論文的作者建議採用一些標準，讓消費者能夠仔細審視各家主張。例如，再生有機聯盟（Regenerative Organic Alliance）提供了一套標準，它以美國農業部有機認證為基準，將這類工作視為「通往再生有機認證的旅程」。但這些標準真正規定的是過程，而不是結果，就像目標是要廣泛改善土壤健康和動物福利。

無論標準為何，消費者意識才是關鍵。「有一個問題非常令人擔憂，就是那些意圖良善、受過部分教育的消費者，竟然更容易被操控。」拉斯・康瑟向我談及他創立藍巢的過程，「這個行業裡有很多人都說得一口好故事，他們會給你看一張馬背上的牛仔正在操縱馬匹的照片，但實際上，你盤子上的那塊肉剛剛從養殖場送來。說穿了，最大的問題是：我們能多快培育出真正知情且活絡的消費市場，同時建立一個真正的供應鏈？」不過，他仍然樂觀地認為，再生農業的影響會隨著時間逐漸顯現出來。他說：「讓大自然自己來評判吧！我相信你會知道這些農場運作得宜，因為當你走進去時，它們表現得生意盎然，蝴蝶、蜜蜂、昆蟲、鳥類，一切都一目了然。因此，這些農場是大是小其實並不重要。」

不過，農場究竟是大是小，確實是一個需要考慮的重要問題。支持自然友善農耕的人，不能只關注農業經濟中的巨頭。儘管大型工業化農場產生了重大影響，其實地球上五億七千萬個農場中有九成以上是由個人和其家庭經營的，他們生產出全球百分之八十的食物，因此把他們納入再生農業實踐對於轉型至關重要。[26]

多年來，在自然共好農業和野化方面，我們說得多，做得少，現在我發現各行各業的倡議開始湧現，幫助加快這遲來已久的轉型，感到非常振奮。

一個面向是非營利組織，如位於科羅拉多州波德市（Boulder）的「瘋狂農業」（Mad Agriculture），該組織致力於教育生產者、為轉型提供資金並推廣他們的再生產品。「我們努力創造的世界與現實世界截然不同，幾乎我們做的每一件事都帶有某種瘋狂的色彩。」該組織如是說，為其名稱提供了合理的解釋，也點出他們大膽的願景。我們需要更多這樣的倡議；大學和社會部門組織在綠色革命中發揮了重要作用，現在又到了它們幫助世界改變方向的時候了。

民營公司和投資者也紛紛投入景觀再生的事業。一些公司如 Propagate Ventures，正在提供數據分析和見解，協助地主將樹木融入牧場環境之中；另一些公司如英國的 Nattergal，正試圖在歐洲各地複製聶普模式，透過收購和改造受損的土地，證明野化計畫也有長期盈利的能力。

但也許更重要的是各國政府對其農業補貼計畫的調整。從美國的農業稅收抵免、歐盟的共同農業政策（Common Agricultural Policy），到印度和印尼等地的化肥補貼，各國政府所鞏固的體制，往往使耕地變成生態荒漠。雖說從現行體制獲利的各方一直不斷遊說，但國家行政部門也漸漸開始反思這種模式。

英國政府已經啟動了一個多年期的計畫，重新制定農業補貼，來支持自然並落實「公帑為公益」（public money for public goods）。這個名為「環境土地管理」（Environmental Land Management，簡稱 ELM）的新計畫，顧名思義旨在取代歐盟過去單純就農地直接支給的費用，改為提供一系列支付環境成果的激勵措施。

經過多年的磋商後，負責環境土地管理計畫的英國環境、食品暨鄉村事務部（Department for Environment, Food and Rural Affairs，簡稱 Defra）在二〇二三年初提出了三個新的計畫。第一個是永續農業獎勵措施（sustainable farming incentive），鼓勵改善土壤健康的做法，例如每公頃可獲得高達五十八英鎊的獎勵，與英國慣行農法每公頃的平均年利潤相當。另外兩個計畫關係到區域和地景尺度範圍的自然恢復（通常與野化交替使用），為了恢復富含碳的沼澤地，每公頃會給予五百三十七英鎊的獎勵。

負責環境土地管理（ELM）的英國環境、食品暨鄉村事務部（Defra）在一場公共磋商中表示：「鑒於市場未能對提供環境公共財給予充分獎勵，ELM 計畫將是政府進行干預和利用公共資金來提供環境公共財的有效方法。」隨著這個計畫在未來幾年內逐步推展，其效果將漸漸顯現——前提是此計畫不會受到英國國內政治不確定性的阻礙或延誤。儘管如此，ELM 計畫還是提供了一個千載難逢的機會，讓我們重新想像英國政府在支持自然環境方面所扮演的角色，希望這樣的模式無論以什麼樣的形式發生，都能進一步加強再生行動的商業價值。[27]

從聶普莊園開車返回倫敦的途中，我不禁對飛馳而過的田野產生了不同的看法。在我印象中，那片土地曾經綠意盎然，現在卻與我之前離開時的多樣性和活力大相逕庭，顯得荒涼、寂靜、單調。如果像英國這樣修整到極致的土地都可以實現再生農耕，那麼幾乎任何地方、任何農民都可以採用這種方法，選擇任何有意義的位置，來讓他們的事業和生態系統維持下去。

但也是在那一天，我感受到經濟邏輯以外的事物：那就是窺見更荒野、更有意思的農業腹地可能是什麼樣子的一種驚奇感。「我想這正是人們覺得這裡鼓舞人心的原因……他們看著我們現在擁有的景色，意識到這片土地在二〇〇四年還是一片麥田，」伊莎貝拉跟我說話時，那群紅鹿剛離開，我們的注意力轉到餅乾盒上。「只要方法正確，自然就會恢復生氣。在這個生態焦慮的時代，我們面臨的危機可能非常駭人，讓你完全無能為力。我在人們的眼中看到過……他們在訪問像聶普這樣的地方時，突然又再次感受到力量。」

她說得太對了。野化、再生農業、不耗損地球資源就能養活全世界。儘管困難重重，但不知怎地，一切又似乎觸手可及。

第五章
都市叢林

今天的新加坡是現代化的代名詞。新加坡於一九六三年脫離英國統治，兩年後因為種族暴動，馬來西亞將這個城市國家（city-state）驅逐出聯邦。接下來的發展出人意料。新加坡擁抱由貿易和投資主導的模式，搖身一變成為我們現在所熟知，充滿未來感的都會之國。它位於東南亞的十字路口，是世界上最富裕、受教育程度最高的國家之一。現在各黨各派的政策專家都把這個「亞洲猛虎」（Asian Tiger）經濟體視為發展的典範。

但就在不久前，新加坡還真的有老虎。新加坡島位於馬來半島南端，是地球上生物多樣性最豐富的生態區域之一，距離蘇門答臘的叢林只有咫尺之遙。著名的英國自然學家阿爾弗雷德·羅素·華萊士（Alfred Russel Wallace）在一八五四年寫道：「新加坡總是有幾隻老虎在四處遊蕩，平均每天會殺死一個『中國佬

（Chinaman）』。」言中提及當時生態系統的豐富，不過他的措辭在今時今日看來顯然是不恰當的。華萊士利用這個當時還很簡陋的貿易前哨站作為探索馬來群島的基地，跟達爾文分別獨立提出了演化理論，在許多人看來，華萊士因為辛苦投入田野工作和對科研的好奇心，才產生了如此洞見，卻未能獲得應有的榮譽。

一個半世紀匆匆過去，許多來自歐洲和美國的人都很清楚地感受到，這個小小的島國令他們望塵莫及，即使它的飛躍發展是以某些自由為代價換來的。降落在美輪美奐、天花板挑高的樟宜機場，感覺不像在機場裡，反而更像走進一間藝廊。我每兩周從鄰國印尼來這裡一次，超高效率的交通系統能讓我在幾分鐘內就遊遍這座城市。閃閃發光的摩天大樓點綴在市中心圍繞著的各個碼頭上方，每棟都獨具特色，一眼就能認出。由於新加坡的通行費有加成收費系統，又嚴格限制汽車所有權，結果是這裡的道路極少有擁擠的情況，跟我當時居住的雅加達和峇厘島形成鮮明的對比。新加坡由三大主要文化構成：中華、馬來和印度文化，與英國殖民主義的殘餘印記和西方資本主義的外表相結合之下，令人感覺這座城市輕快地踏入未來的同時，彷彿又珍視著過去。

儘管新加坡擁有先進的技術，但仍受制於地理條件。這個城市國家就座落在赤道下方，簡言之就是炎熱潮濕，全年氣溫經常超過攝氏三十度，跟亞洲其他地區不同的是，雨水是新加坡生活的常態，而非季節性特徵。我在新加坡的時候，大雷雨會從陰霾的天空中突然傾瀉而下，幾乎毫無徵兆，市中心裡衣著光鮮的上班族紛紛四散躲避。不久之後，陽光就會穿透雲層，水坑和玻璃塔樓閃閃發光，濕悶的熱氣再次籠罩著眾人和眼前的一切。

隨著地球變暖，這些挑戰只會更加嚴峻。新加坡氣候研究中心（Centre for Climate Research Singapore）預測，如果我們繼續現有的發展路線，到本世紀末，新加坡的氣溫將升高攝氏四・六度，強降雨將更加猛烈頻繁，海平面可能上升高達一公尺。[1]

這個島國的另一個關鍵特徵是它的面積。新加坡真的非常小。整個國家的陸地面積為七百二十平方公里，大約相當於紐約市的大小，而且沒有真正的腹地。這個空間裡擠滿了七百萬居民，還有他們的住所、他們工作的辦公室和工廠，以及造就新加坡成為美食和購物勝地的商店和餐廳。

＊＊＊

殖民時期的新加坡選擇了相當破壞性的發展老路。早在一八五四年，華萊士就對這裡的森林砍伐情況感到沮喪，畢竟此地的樹木在世界上曾經茂盛一時。他寫道：「後世回看我們的時候，一定會認為我們是一群沉迷於競逐財富的人，無視更高層次的追求。他們會指責我們，說我們錯毀了一些原本我們有能力保存下來的造物。」華萊士時代的其中一個綠洲，指的可能是一八五九年建立的植物園，希望推動維多利亞時代的理想，將自然編目列冊、對之進行觀察，運用自然來為帝國服務。

雖然植物園和其他這類殖民遺跡有存留下來，但現代新加坡的商業邏輯跟其他地方沒什麼兩樣，很可能將島上其他地方剷平，以容納新的家戶、為企業提供辦公空間，或者開發更多知名的熟食中心（hawker centres），提供一盤一盤又一盤的辣麵條。因此，我很驚訝如今這個島嶼還有近一半的面積是綠地，其中一些綠地有受到管理，如公園和花園，其餘則是未修剪的森林、紅樹林和濕地。[2]

新加坡不能像其他巨型城市（megacities）一樣，選擇把自然留給幾小時車程之外的鄉村俱樂部和國家公園——畢竟地也沒多大。反倒因為各種空間都非常稀缺，這個「花園城市」（開國元勛李光耀在一九六七年給新加坡的稱呼）不得不為自然讓路，還成了典範。[3]成果就是綠樹成蔭的步行街道、有溪流蜿蜒和水獺嬉戲的公園、舉辦夜間獵遊的國家公園，還有可以徒步旅行和划獨木舟的森林和紅樹林。新加坡展現出一個宜居城市的願景，這座城市由自然（綠色）和人造（灰色）的基礎設施共同保護和管制。

很少國家像這個小島國一樣，面臨如此嚴重的空間限制。在我看來，如果連新加坡都辦得到，那麼幾乎每個城市都應該要能夠說得出自身內部與周邊的自然環境所產生的商業效益。

按照之前的經驗，倘若查詢**「綠色基礎設施」**（green infrastructure）一詞，你會發現一系列令人困惑的定義，其中許多都跟水資源利用有關，而且全部都出現在環境政策的行話之中。

美國環境保護署（US Environmental Protection Agency）表示：「綠色基礎設施利用植物、土壤、景觀設計和工程技術來保留、吸收和減少受汙染的雨水逕流。」[4]歐洲環境署（European Environment Agency）傾向以更廣泛的角度來看待綠色基礎設施（GI）：「在不同尺度上運作，並共同構成生態網絡的各種環境特

新加坡的濱海灣花園（Gardens by the Bay）
是該市眾多都市綠化項目之一。

徵……它們必須不僅僅是『綠地』，」稱綠色基礎設施「目的在維持和增強提供給人類社會的利益，包括食物、物質、乾淨的水、潔淨的空氣、氣候調節、防洪、授粉和娛樂」。[5]面對這些時髦詞彙，若再繼續深究下去的話，你會得到更多術語，包括「綠藍網格」（green–blue grids）一詞，此概念將樹木、綠地與水路和濕地結合在一起，意在改善當地環境，增強氣候韌性。

在我看來，所有這些術語都指向一個簡單直觀的理念：我們的都市圈可以把自然涵納進來，而不是拒之門外。要做到這件事，可以採取不同的形式——從設置建築物上的綠牆、在道路上種植樹木，到恢復河流和紅樹林沼澤都算。但此一理念的核心，是承認我們城市面臨的許多挑戰都源於試圖用鋼筋水泥來對抗自然，包括洪水或極端高溫。雖然快速反應的防洪設施和低排放量的空調等新技術，算是我們適應氣候變化的眾多工具之一，大自然還是存在著這些人類智慧的例子無法應對的面向，令人不得不折服。

本章接下來的內容中，我將以最廣泛的意義來使用「綠色基礎設施」一詞，以涵蓋城市跟自然合作的所有方式，而不是與之對抗。全球各地的城市正開始從這種方法獲得回報。我們會看到，這種綠化不僅能讓城市更美麗、更宜居，還具有強大的商業價值，再也不容忽視。

＊＊＊

讓我們先回到新加坡，仔細瞧瞧這片都市叢林中一塊一百五十英畝的綠洲——碧山—宏茂橋公園（Bishan-Ang Mo Kio〔AMK〕park）。

宏茂橋公園座落在一條曾經因為排水需求而水泥化的河流上。為了適應越來越強烈的降雨，新加坡必須做出選擇：是改造混凝土運河？還是拆除混凝土，將其還原為天然河流？在研究了兩種方法的成本和效益之後，新加坡選擇了後者，決定採取一種自然的雨水管理形式，還要將現有空間改造成居民和遊客的休閒中心。

在新加坡，推動什麼都進展神速，成果也令人驚嘆。恢復自然的宏茂橋公園提升了四成的蓄水能力，減洪措施和雨水管理都有改善，生物多樣性還增加了三成，記錄到許多罕見的野花、鳥類和蜻蜓物種。[6]不過，或許更重要的是，基礎設施和公園結合，創造出一個充滿活力、健康的綠色空間，供人們運動、放鬆、社交和親近大自然。此地的發展很巧妙，舊運河河道襯砌的混凝土塊被用來打造一個名為「回收山」（Recycle Hill）的觀景點；在一個炎熱潮濕的早晨，我爬上這座小丘，放眼望去，生態系鬱鬱蔥蔥，我幾乎不敢相信這裡是一個全球主要城市的正中心。

乍看之下，眼前似乎是一個富裕的政府花大錢美化環境的案例，但其實新加坡國立大學的研究人員也發現，投資宏茂橋公園的經濟效益非常可觀。

首先，採用綠色基礎設施為新加坡節省了開支。要改造這條二．七公里長的混凝土運河，成本本來應該是一億三千三百萬新幣，約合九千五百萬美元；選擇讓河流重新恢復自然狀態，使其成為公園景觀的一部分，費用僅為原成本的一半多。但公園也讓新加坡變得更加宜居，事實證明那些休閒、社會文化和旅遊相關的好處也是可以量化的。研究人員估計，這些更廣泛的經濟收益，每年加起來可達一億到兩億兩千萬美元之間。

從更廣闊的角度來看，這類計畫以及它們為城市提供的生態系統服務，可以對人類福祉產生有意義的貢獻。除了吸引遊客之外，城市綠地還能改善居民的心理健康狀態；從社區層面來說，碧山—宏茂橋公園的存在，估計每年可為新加坡人口節省五千九百萬美元的醫療保健開支，這個數字是從心理健康服務省下的支出推知的。[7]

宏茂橋公園只是一個代表性的例子，說明自然能為城市居民帶來的眾多益處，這些益處剛開始看起來可能東一點西一點，累積起來卻可能為計畫案賺進上億美元。基礎公共設施當然具有重要地位——如果沒有快捷的大眾運輸系統或閃亮的摩天大樓，新加坡或許不會成為商業成功的典範——但大自然為灰色基礎設施帶來明顯的增益或彌補作用，時間越久，回收的效益越大。

放眼世界各地，我發現到處都開始流行城市綠化，為居民和周邊的城市生態創造出諸多好處。

就拿炎熱來說吧，這是都市生活之惡，而且隨著氣候變化還會加劇。建築物和柏油路往往會形成都市熱島，其平均溫度可能比周圍地區高出攝氏一到四度。空調只會讓這個問題變得更糟，雖然能讓建築物內部變涼，卻把熱氣都排到街上。

世界各地的城市都發現，綠屋頂、植生牆和樹木可以造就一個大不同的世界。例如，多倫多估計，屋頂空間只要能增加百分之六的綠覆率，就能將夏季的熱島效應降低攝氏一到二度。[8]哥倫比亞第二大城麥德林（Medellín）的「綠色走廊」計畫（Green Corridors）就將城市溫度降低了攝氏兩度。[9]

大家都看得出來，世界各地的城市其實都鋪設在它們的自然資源之上；只有當我們把數字加總起來時，就連像樹蔭這麼簡單的東西，其價值才會彰顯出來。加州北部的沙加緬度郡（Sacramento County）曾經是一片森林茂密的區域，如今卻面臨氣溫升高、乾旱和野火的考驗。沙加緬度維護和保護的城市森林由六百萬棵樹構成，據估計可降低空調使用量超過一成，每年為居民節省近兩千萬美元。樹木還能吸收空氣污染物，具有兩千八百七十萬美元的隱藏價值。綜合起來，研究人員發現，每棵城市裡的樹木每年可帶來九十美元的收益，維護它們的成本卻只要三十到三十五美元。[10]

城市樹木改善空氣品質的效果不容小覷。大自然保護協會（Nature Conservancy）從各國大範圍的研究中發現，如雅加達、墨西哥城、開羅和喀拉蚩等飽受有毒空氣困擾的發展中城市，植樹造林的商業理由更為充分。每年僅需要為每位居民小額投資四美元，經過幾年，就能產生有意義的變化，在降低醫療成本方面更能獲得超值的回報。[11]

最重要的是，看看新加坡就知道，自然只會讓城市變得更加宜居。那麼該如何量化這些效益呢？在倫敦，包括大倫敦政府（Greater London Authority）和顧問公司「生動經濟學」（Vivid Economics）在內的一群組織正致力於確定效益何在。他們發現倫敦的綠地提供的運動空間，每年幫助倫敦居民省下了九億五千萬英鎊的醫藥費。除了慢跑或踢五人制足球的空間外，公園自然而然地為繁忙的城市居民提供了他們所渴望的寧靜與平和；在倫敦，心理健康問題因公園所省下的治療成本高達三億七千萬英鎊。[12]

綠色基礎設施不只市中心有需要，它還可以取代都市邊界以外的灰色基礎設施，這些設施是城市運作所必需的。卡茨基爾山脈（Catskill mountains）位於紐約市上游一百英里處，這一經典案例至今仍然和它在一九九〇年代時一樣重要。紐約市要透過處理場升級濾水系統的話，需要負擔四十到六十億的前期費用，以及每年兩億五千萬的營運成本，最後它決定選擇自然的手法，花費不到前面數字的八分之一，就買下並恢復了卡茨基爾山脈的林地，並與當地農民合作開創了一個獨特的計畫「全方位農場」（Whole Farm），以減少流入卡茨基爾流域的汙染。[13][14]

時至今日，紐約市所供應的絕大部分仍然是「未過濾水」，直接來自水源地，沿途透過自然方法保持原始和純淨的水質。這種方法並不是每個城市都適合，但很顯然，即使在規模如此龐大的一座不夜城，綠色基礎設施還是一項明智的投資。

支持都市自然最有說服力的經濟論點，或許在於自然生態系統能夠保護城市免受洪災和風暴潮的生存威脅。在溫帶地區，指的可能是要恢復洪泛平原和沼澤。例如，地勢低窪的比利時正在耗資六億歐元恢復數千英畝的濕地，整個計畫將在二〇三〇年完成，而且看起來也沒什麼其他選擇：研究人員發現，如果沒有對綠色基礎設施進行投資，到本世紀末，每年洪水造成的損失可能高達十億歐元。[15]

在氣候較暖的地區，紅樹林對保護沿海城市和社區有著重要功能。二〇二〇年，《自然》期刊上一篇開創性的論文，終於確定了如馬尼拉和邁阿密等城市從紅樹林防洪中獲得的價值：六百五十億美元天價。[16]這些保護特性在特別艱難的時期發揮了作用；九成的效益發生在熱帶氣旋期間，而不是正常的降雨狀況下。其他估算則認定，全球承洪韌性的效益總額高達八百億美元。[17]

巧妙的是，紅樹林甚至可以幫助保護氣候轉型所需的基礎公共設施，使其免受氣候變化的破壞。地球安全顧問公司（Earth Security）代表巴基斯坦一個風力發電場的投資者進行的一項研究發現，對紅樹林再生投資三十五萬兩千四百美元，不僅因降低洪水造成的維護成本，為風電場帶來七百萬美元的收益，同時也因為此計畫創造的就業機會和蝦類產量提高，為當地社區額外帶來七百萬美元的收入。[18]

綠色基礎設施的故事，並不僅僅是新加坡等檯面上的先進國家一連串已經塵埃落定的成功案例，而是數十年來隨著城市的發展、都市生態的價值逐漸受到肯定，一個不斷演進發展中的敘述。

印度繁華的海濱商業之都孟買，其命運一直與潮汐密切相關。早期英國殖民者看到孟買具有深水港的戰略優勢，該港口位於印度西海岸，是橫跨阿拉伯海進行貿易的絕佳地點，於是他們奪下了七個沼澤島嶼，開始啟動一個統治自然的大工程。那幾個島嶼原本都是樸實的漁村社區。十八世紀晚期起，人們修建了一系列堤壩、開墾大量土地，但當時的人很少考慮到周圍的生態環境，雖說在那時候也不奇怪。到了一八三八年，孟買已經成為一個跟大陸相連的半島，為延續至今的商業和工業樞紐奠定了基礎。在二十世紀，更多開墾持續進行，最後在一九七〇年代建成納里曼角（Nariman Point）的商業區。[19]

自此之後，都市化步步進逼的壓力幾乎不曾和緩過：一九七七年至二〇一七年間，孟買失去了近三分之二的水域和植物群落。[20]不過，雖然城市邊緣抵禦風暴潮的天然緩衝區消失了，但孟買周圍仍然存在著一個廣大的紅樹林沼澤和濕地生態系統，此系統有受到一定程度的保護。從高空俯瞰，桑賈伊・甘地國家公園（Sanjay

Gandhi National Park）似乎與城市融為一體，孟買周邊野生環境的徵兆也不時會出現在城市居民眼前。每年冬天，大群紅鶴會降臨新孟買（Navi Mumbai）的濕地，二〇二〇年新冠病毒的第一波高峰期間，紅鶴的數量創下了紀錄，為當時封鎖中的城市帶來了幾分喜悅。外圍郊區甚至偶爾會出現豹的蹤跡，讓居民提心吊膽，當地媒體也往往陷入瘋狂。

遺憾的是，這些關於該區域生物多樣性的美好景象，掩蓋了其城市基礎設施辜負市民的事實。近年來，氣候變化加劇了阿拉伯海的氣旋，季風模式也產生轉變，孟買遭遇史上最嚴重的強降雨。都市擴張取代了曾經的天然濕地和河川海綿，街道變成溪流，洪水的強度和頻率越來越令人心驚，眾多生命和生計因此被奪去，受苦最深的還是最弱勢的居民。而且這個壓力看起來不太可能減緩：據世界銀行（World Bank）估計，到二〇五〇年，孟買每年將持續承擔與洪水相關的成本高達六十四億美元。[21]

一部分的解決辦法，肯定是要升級這座城市老朽的灰色基礎設施。孟買殖民時期的雨水排放系統根本不敷使用，更新這些系統是當務之急；另外，布設防洪牆、抽水機和閘門也很重要，能夠確保社區的安全。但孟買的領導人和一群堅定的運動

孟買附近的紅樹林。© Aaran Patel

人士、慈善家和科學家也希望效法新加坡等地的做法，以強化城市的自然防禦為合理目標，而不是像孟買的殖民統治者那樣，滿腦子想著要征服自然。

二〇二二年的孟買氣候行動計畫（Mumbai Climate Action Plan）是政府、世界資源研究所（World Resources Institute）和新加坡等為首的C40城市網絡（C40 Cities network）共同努力的成果，此計畫特別強調自然的角色，以應對孟買易受氣候變遷影響的課題。首先，孟買已將城市綠化和生物多樣性列為該計畫的六大綱領之一，宣傳綠化對減少都市熱島效應、改善居民健康福祉的好處。該計畫也承認，城市大規模的「水泥化」加劇了孟買的季風災害，認可「自然解方將大大有助於減少每年的澇災和洪水」。展望未來，這個計畫提供了詳細的脆弱度分析和一系列短中期的量化目標。[22]

孟買也跟其他城市聯合起來，企圖把自然找回來。二〇二一年，台拉維夫、東京、孟買和米蘭等三十一個城市簽署了「C40城市自然宣言」（C40's Urban Nature Declaration），宣言中各自承諾利用市政預算和政策工具，在二〇三〇年前達到三成至四成的綠覆面積，還有確保百分之七十的居民步行或騎自行車到綠地或水域的時間不超過十五分鐘。

時任馬哈拉施特拉邦環境與氣候變遷部長的阿迪亞・撒克雷（Aaditya Thackeray），稱孟買在C40宣言裡的承諾是該市氣候行動計畫的核心。撒克雷在計畫啟動儀式上表示：「氣候變遷是最不公平的——責任最小的人，受到的影響最大。」他希望孟買能夠成為「一個光輝的榜樣，展現多樣化的生態系統如何在城市環境中蓬勃發展，為所有人創造更具包容力的氣候韌性。」[23]

獅子山共和國（Sierra Leone）的首都自由城（Freetown）在簽署宣言時，想的也是抗洪問題，希望扭轉近年來造成嚴重土石流的森林砍伐現象。「『自由城—樹之城』（Freetown the Treetown）是我們城市很有野心的一個計畫，希望在兩個雨季之間種植一百萬棵樹。」自由城市長伊馮娜・阿基—薩維爾（Yvonne Aki-Sawyerr）表示：「但我們不僅是把樹種下去，還要幫助它們長大——也就是說，我們要監測它們的生長情況，為我們的山坡地和紅樹林地區帶來新的生機。」[24]

世界資源研究所（World Resources Institute）的盧拜納・蘭瓜拉（Lubaina Rangwala）是孟買氣候行動計畫的起草人之一，她告訴我，將重心放在恢復孟買的自然環境，反映著不同利益群體的思維方式正在發生廣泛的轉變。「現在的孟買，有一種全然不同的對話正活躍著。引領這場對話的不僅是領導人，市民也要求改變印度獨立後對鋼筋水泥的執迷。自然如何對健康和基礎設施產生影響的商業理由，已經變得越來越清晰。」

她告訴我，新的思維也反映了對城市過去的認識。「整個城市都建在三角洲……的泥灘和濕地上。要是能夠讓其中一些地區回歸到原始狀態，恢復這座城市曾經擁有的自然防洪能力，代表什麼意義呢？意義就是重新思考現代發展的美學標準。」

《想像中的孟買》（*Bombay Imagined*）是一份嚴謹的研究彙編，匯集了孟買都市規劃史上未推動的計畫，作者羅伯特．史蒂芬斯（Robert Stephens）在書中特別點出過去關於孟買城市結構的幾種思考，例如有個提議是在位於市中心的殖民時期賽馬場上打造一個類似中央公園風格的綠地（一位政府顧問向我表示，這項倡議還是有機會實現），還有人提案蓋一個大鳥舍，將禿鷲帶回祆教的「寂靜之塔」天葬台。

但史蒂芬斯的書開頭，就寫到一六七〇年，時任總督的傑拉德．安吉爾（Gerald Aungier）剛考慮在孟買島（Isle of Bombay）建造一座城市。「這是一件大事，當地的樹木要是被砍伐、摧毀，肯定會引起居民不滿。」安吉爾寫道，反映出當時依賴自然的地方居民有多麼不情願。現在孟買人對自然的依賴程度並不亞於多年前，這個城市的未來，某種程度取決於他們在接下來幾年能否塑造一種以自然為中心的新城市主義。

仔細研究起來，這一個個支持自然的理由似乎都很有道理，不過一個老問題就來了：那為什麼廣義的綠色基礎設施在我們的城市中依然如此稀缺呢？

舉例來說，一般城市很少像新加坡那樣經過精心規劃，具備前瞻性的發展策略。[25]我們的城市群之所以如此充滿活力，部分原因在於新移民具有創業的活力和膽識，但許多城市都歷經數十年或數百年的無序擴張，不管在什麼階段，排乾濕地或夷平森林來為擴張讓出空間，或許是更有利可圖的做法；一開始選用一般屋頂而非綠屋頂，也是可以理解的。但就算自然已經被放逐到城市之外好幾個世代了，現在再把它重新帶回城市裡來，也永遠不嫌太晚。這點在孟買和麥德林等發展中世界，跟在擁有兩千年歷史的倫敦，同樣都成立。

一個非常現實的挑戰是，都市規劃的正統觀念推崇能夠搏版面的大量體現代風建築（有時還能給官員帶來回扣），而非更簡樸的綠色路線。這點也影響到資金。

說句公道話，並不是人人都理解綠色基礎設施是什麼，要衡量和預測這些開發的效果也可能有困難，而且地方決策者通常很缺乏跟他們地區的都市規劃相關的量化數據。儘管有很多成功案例，綠色路線仍然曲高和寡，除了成本效益的不確定性之外，缺乏信任和熟悉也會導致規劃者（以及為他們提供諮詢的顧問大軍）傾向遵循既定的選擇。[26]

還有一個難題：城市中的公共和私人決策，多半走短線操作，但建造綠色基礎設施通常需要好幾十年的規劃和維護，才能充分發揮效益。這種延遲的滿足感往往跟官員或企業領袖的評核週期不太搭得上，因為他們得為連任或年度報告拿出最好的表現。[27]

接下來的問題是，該如何支付綠色基礎設施的投資？又是誰獲得積累下來的好處？說到灰色基礎設施，開發商可以使用一系列金融工具來為建設提供資金：道路可以透過收費或地方稅收來支付成本，淨水場可以向用戶收費。城市發現，以這些未來現金流作為抵押借款或籌措開發資金是非常簡單直接的做法，傳統基礎設施的投資者和銀行都會為其提供資金。

但自然的公共財通常本質上是屬於眾人的，其利益無法由任何一方轉換成貨幣。難怪沒有哪個綠色基礎設施的大開發商願意參與紅樹林復育或公園建設的投標，然後再執行和維護這種案子數十年。政府是最有可能從中獲益的機構，如降低醫療成本和救災支出，大家都知道這些金額為數可觀。因此，跟其他商業案例不同的是，即使不乏運用私人資金來推動創新的可能性，這類案例或許還是跟公部門最為相關。[28]

但再高瞻遠矚的市政府也會面臨許多障礙。歐盟執委會在二〇二〇年進行的一項詳細研究發現，儘管決策者已經初步決定投資綠色基礎設施，蘇格蘭的格拉斯哥（Glasgow）、義大利的杜林（Turin）和荷蘭的恩荷芬（Eindhoven）等城市還是遇上重重關卡。除了缺乏合格的合作廠商，以及私部門內部的技能與專業知識不足之外，這份研究報告的作者還特別點出許多灰色基礎設施傳統範型的制度和法律障礙。[29]

令人振奮的是，人們正在努力幫助決策者將城市的相關投資引導到自然方面，好比眾多顧問和資本家也在為灰色基礎設施這麼做。二〇二二年，大自然保護協會和顧問公司 Pegasys 共同啟動了「自然護水」（Nature4Water）服務，希望「提供符合黃金標準的技術援助，幫助在地的倡議者制定流域投資計畫。」[30]

奧立佛．卡里烏斯（Oliver Karius）是LGT公益創投基金（LGT Venture Philanthropy）[10]的執行長，也是「自然護水」計畫的支持者之一。他解釋為什麼這個計畫對市政管理者具有吸引力：「我來自南非，在開普敦，當城市缺水時，我們就會進入『零日』（Day Zero）[11]。〔與其投資〕逆滲透技術或柴油發電機之類的設備來供水，開普敦其實一直都保有投資自然的知識，只是還沒有建立起商業案例。大自然保護協會實際上幫忙開發了一個商業案例：若能清除開普敦周邊集水區的入侵物種，將為開普敦留住兩個月的淡水，而且成本僅為原來的十分之一。」「自然護水」團隊正試圖加快這類介入行動。「一旦你提出理由，又拿得出證據，人們就會說：『等等，讓我們研究一下——這有賺頭耶！』」

但我們值得好好思考一下，綠色基礎設施會不會其實已經廣泛存在，只是沒什麼人注意？本章介紹的案例有談到城市採取主動積極的措施，將自然帶入都市範圍之內，但即使某些城市沒有採取這些措施，自然也會繼續默默地為居民服務，可能是偶然發生，也可能是過去殘留下來的。那些降溫、淨化、防洪的優勢，在公共和私人企業評估他們所管理和居住的空間具有怎樣的價值時，還沒有被納入計算範圍內。在下一章中，我們將看到自然資本的整體框架如何幫助我們盤點這些優勢，最後再把它們納入持續強勢又狹隘的經濟思維中。不管怎麼樣，先停下腳步，承認這些分散在各處、卻使城市宜居的自然優勢，總是一個開始。

在我看來，世界各地的城市很有希望在未來十年重新綠起來（re-greening），越來越多地方認識到綠化的成本和效益，私部門和非營利部門的合作夥伴也都開發出支持城市的專業技術。

第一步，也是最明確的一步，是城市必須保護其邊界內外已經存在的自然資源。量化工作已在進行中，來對現存濕地、紅樹林和森林的益處進行評估，從今天起，光憑這一點就足以構成保護環境的強大商業理由，即使這代表我們要放棄短期利潤，建設更稠密、更綠的都市核心，而不是放任郊區無止盡地蔓延。新加坡的案例在這裡仍然很具啟發性：由於沒有向農村蔓延的選擇，新加坡市已經成為克制和

---

⑩ 譯註：二〇〇七年由列支敦士登皇室家族注資成立的全球影響力投資基金。

⑪ 編註：二〇一七年，連年乾旱導致開普敦的食水危機，市內供水出現嚴重困難，Day Zero 在這裡就是指當水庫水量降至百分之十三．五，市府將全面切斷供水的那天。

巧妙密集化的典範，同時又將周圍的大片土地劃為保護區。

不過，在建設未來的城市基礎設施時，城市領袖和居民需要將灰色和綠色的方案視為同樣平等的選擇。這應該從每一次洪水或熱浪發生之後，我們公民對地方官員提出的要求開始。與其反射性地要求升級運河或海堤，為什麼不要求我們的領導人考慮綠色替代方案呢？城市在採購過程中就應該反其道而行，鼓勵每個傳統工程都考慮採用綠色替代方案。根據歐盟執委會的說法，這種挑戰型的採購可以包括「在邀標過程中只說明期望的結果，並要求廠商提出他們如何解決這些問題的想法」。[31]

應對往日陰魂不散的灰色基礎設施時，發揮一些創意會很有幫助。紐約的高架公園（High Line）是一座令人讚嘆的高空公園和步行道，二〇〇九年建成在一條廢棄的鐵路線上。有意思的是，這個工程是由非營利組織「高架之友」（Friends of the High Line）推動的一場草根運動開始的，此組織仍繼續與紐約市合作維護高架公園。其他城市也抱著類似的思維，試圖為老舊、笨重的混凝土建築增添一點生氣，也許馬德里的做法最為大膽。曾經貫穿城市中心的高速公路上，如今矗立著一片名為馬德里里奧（Madrid Rio）的美麗綠地，為這座古老城市提供了新的呼吸空間。

一些綠化行動可以從社區的小區域著手，不用仰賴市政層面才能開始，這樣想應該感覺還滿有希望的。久而久之，我們甚至可以從城市中這類口袋空間找到靈感，不需要飛到世界另一端去尋覓。因此，邀請社區參與綠色基礎設施規劃是無庸置疑的選擇，也應該成為未來所有城市規劃的核心。最理想的狀態下，綠色空間可將鄰里和社區團結在一起，透過建設綠色基礎設施和長期維護，來創造高薪工作。為此，在過程中每個階段進行諮詢，有助於獲得社區的支持和公眾參與，充分發揮這些行動的效果。不過，綠色基礎設施也可能像灰色基礎設施一樣，並沒有被妥善利用；用一種大白象工程（white elephant project）[12]取代另一種大白象工程是非常可惜的事。

我們必須更積極分享城市綠化帶來的好處。人們利用綠色基礎設施的機會也充滿了不平等，跟大多數其他類型的城市基礎設施一樣。非營利組織「美國森林協會」（American Forests）的一項研究顯示，少數族裔社區的樹木覆蓋率平均比白

⑫譯註：比喻一些花費昂貴，卻沒有實際效用或回報少的東西，最終造成浪費的工程項目。

人為主的社區低百分之三十三，最貧困社區的樹冠覆蓋率則比最富裕地區低百分之四十一；英國地球之友（Friends of the Earth）組織的另一項研究發現，綠地匱乏與種族和收入之間存在密切關聯。[32][33]這種不光彩的模式在世界各地的城市中反覆上演；我們在設計未來城市的綠化行動時，需要考慮到公平性。

最後，了解綠色基礎設施在氣候變化背景下的承受能力是很重要的。綠色基礎設施可以有效緩解氣溫上升和海平面上升的影響，但即使是自然防禦也有其侷限，有時也會失效。未雨綢繆是明智之舉，但城市需要接受這些限制，並持續加碼投資，徹底減少建築物、能源和交通系統的碳排放。

如果新加坡這麼小的一個城市國家，都能找回華萊士曾經體驗過的野性，那麼其他城市地區肯定也能效仿新加坡的做法，一路為居民打造更環保、更健康和更有韌性的未來。自然存在於我們的森林和海洋之中，也同樣屬於我們的城市。

第六章

自然資本：一種架構

我們仔細檢視了幾個支持自然的論點，了解它們對我們和地球如何重要，現在讓我們把目光轉向自然資本（nature capital），也就是支撐這些案例的框架。我們都很熟悉經濟資本的概念，就算不一定總是這樣稱呼它。資本有多種形態和規模，包括你我錢包裡的現金，我們的房屋、工廠和汽車的價值，企業的資產負債表和政府的預算。金錢讓世界運轉，我們利用金錢創造了一整個經濟體系——與其說它是一個簡單的框架，不如說它更像一種不為人知的意識形態——我們現在稱之為資本主義。

關於現代資本主義自十九世紀初在西歐出現以來的歷史，已經有很多論述：從十七和十八世紀的重商主義（mercantilism）在先，到戰後與共產主義的爭鬥，再到一九八〇年代新自由主義形式的自由市場思想復興，以及近期為緩和資本主義對人類和地球造成的惡劣影響所做的努力。對於資本主義的利弊，你可能已經有自己的看法。我個人認為，金融資本主義在創造財富方面的表現可圈可點，但在財富分配方面卻實在糟糕，不過已經有很多比我更有資格評論這個問題的學者著述了優秀的著作。

金融資本主義提供的架構在歷史上一直是非常有用的工具，幫助個人、企業和政府管理資源和達到收支平衡。所謂有用，核心概念有兩個：存量（stocks）和流量（flows）。

對資本存量進行衡量，可以計算出我們的資產在某個時間點的經濟價值。如果你有幸擁有一棟房子，你就會對現在的市場價格有些概念，也會知道這個資本存量的價值曾經如何隨時間變化或將如何變化。對於一家企業來說，資本存量可能包括其工廠的價值及其生產和庫存的貨物，要了解企業潛在的財務健康狀況，就必須知道這些東西價值多少。

接著是資本流量，統計學家所謂的「經濟活動」即以此構成。就拿房屋來說，資本流量可能包括你從出租行為中獲得的租金，還有支付給放貸機構的款項。對於企業來說，資本流動可以來自銷售商品賺取的現金，也可以是支付給生產商品的工人的現金。經濟資本的存量和流量共同描繪了現代市場經濟的現狀——我們持有的存量是增加還是減少，以及相對於這些存量而言，流量是否保持在適當的水準。

存量與流量思維同樣適用於自然資本。以婆羅洲熱帶雨林中的一群樹木為例，這些樹木被視為一種自然資本資產，或稱存量，從這些樹木上採伐的木材則是一種供給服務，或稱流量。或者，想想北大西洋的漁業：那些黑線鱈、鱈魚和鯖魚群代表一種存量，每年的漁獲捕撈則是流量。[1]

自然資本只是將這些存量和流量結合在一起的框架。自然資本論壇（Natural Capital Forum）稱之為「世界上的自然資產庫存，包括地質、土壤、空氣、水和所有生物」。[2]森林或海洋等自然資本資產反過來又提供流量或**生態系服務**，從而產生社會效益，促進人類的健康和福祉。

生態系服務的流量可以轉化為金融資本。到目前為止，我們主要評估的是像木材或魚類等有形自然商品，並從商品的流動中賺錢；過度關注這些生態系服務正是造成無節制破壞的根本原因。這本書和整個自然資本經濟學，就是要對更廣泛的服務進行估值，像是氣候穩定或授粉等等，將保護和恢復這些流量及其基本存量的過程，轉化為社區的經濟效益。

英國政府的自然資本委員會（Natural Capital Committee）也強調這些流動對人類社會的作用，「自然資本指的是，自然的某個部分直接或間接為人類提供價值，包括生態系統、物種、淡水、土壤、礦物、空氣和海洋，也包含其自然過程和功能」，委員會如是寫道。[3]

跨政府生物多樣性與生態系服務平台（Intergovernmental Science-Policy Platform on Biodiversity and Ecosystem Services，簡稱 IPBES）使用令人耳目一新的縮寫 NCP（nature's contribution to people，自然對人類的貢獻）來發展生態系服務，強調「文化在定義 NCP 方面發揮的核心作用……，特別是科學知識、原住民知識和在地知識之間的彼此互補。」[4]

之後我們將探討原住民知識和在地知識，以及這些知識形式如何與自然資本思維相互作用，但現在你可能會想知道：這個架構似乎只關係到綠色企業家和政策專家，跟我們其他人何干呢？因為它終於為我們提供了一種語言，來描述和評估現在對你來說可能很清楚的事情：我們從大自然中獲得許多好處，有的看得見，也常有很多是看不見的。

格蕾琴．戴利（Gretchen Daily）是史丹佛大學自然資本計畫（Stanford Natural

Capital Project，簡稱 NatCap）的主任，可說是全球從事自然價值評估工作最重要的科學家之一。我們一起在她位於帕羅奧圖市（Palo Alto）的美麗花園裡吃午飯時，被原生植物、青草和嗡嗡飛舞的蜜蜂包圍著，一棵扭曲盤錯的柿子樹結滿了果實，家裡的狗在樹下的草地上刨來刨去。加州經歷了有史以來最嚴重的野火季節之後，清冷的二月空氣感覺像是一種慷慨的特權。

我們當時在聊自然資本這個統一的架構，由她和她的團隊大力促成。「一種思考方式是，想想要是所有億萬富翁都飛向太空——他們在火星上生活需要什麼呢？」格蕾琴告訴我。「當我試圖把自然資本具體化時，我考慮的是人類想在另一個星球上建立一個繁榮的生態系的話，所需要具備的一切。」

格蕾琴的開創性工作（其中一部分是與家喻戶曉的生態學家保羅・埃爾利希（Paul Ehrlich）合作完成的）重點在描述和界定這些生態系服務，我們現在將其分為四種類型：供給（provisioning）、調節（regulating）、支持（supporting）和文化（cultural）。

供給服務是最常見的，比如婆羅洲的木材或冰島的魚。人類一直都仰賴大自然的恩賜來維持食衣住行。這些服務也不僅限於馴化的物種，跨政府生物多樣性與生態系服務平台（IPBES）發現，人類依賴的野生物種多達五萬種，每五人就有一人直接依靠野生植物、動物和真菌獲取食物和收入。[5]大自然還為我們提供其他不那麼顯而易見的物資，比如藥用植物。美國林務署（The US Forest Service）估計，藥局裡能找到的藥物，有四成都是從植物中提取的，其中很多來自幾千年來原住民文化所仰賴的知識。[6]

供給服務最有可能在開放市場上定價和交易，具有消耗性和直接使用的價值。總的來說，這一價值可能極度不完整：誰知道還有多少其他藥用植物等著現代醫學去發現呢？然而，其他三類生態系服務的價值甚至更難被看見，其多數益處仍然不為決策者所知。儘管大自然為我們提供了消耗性服務之外的明顯益處，它們卻很少被以貨幣的形式來估量，只有在失去這些益處之後，我們才能真正體會到它們的價值。

就拿**調節服務**來說，大自然為了使我們的地球住起來舒服，一直在進行著眾多工作。大自然會吸收碳，正如我們在哥倫比亞看到的那樣；大自然會過濾空氣和水，正如我們在新加坡和紐約看到的那樣；大自然會阻擋風暴潮，正如我們在孟買看到的那樣。在其他地方，傳粉昆蟲努力不懈地工作，確保生命的循環繼續進行，這對我們的糧食系統具有重要的財務影響：研究發現一個蜂群可以支持價值高達一千零五十美元的年度農業生產，二〇一二年這項服務光是在美國的價值就達到三百四十億美元，大約相當於二〇二二年的四百四十億美元。[7][8]

第三是**文化服務**，這種服務讓我們生存的星球更值得生活。想想大自然在全世界的宗教和精神傳統中扮演的核心角色、為健行者或潛水客帶來的喜悅，還有壓力重重的上班族在城市公園中漫步時感受到的寧靜。其中一些價值可以透過房地產價格的額外費用、較低的心理健康支出及為生態旅遊的付款意願等形式推斷出來。大多數文化服務可能不符合狹隘的經濟思維；之後我們會在談論原住民與自然的章節中看到，自然更深層的內在價值永遠不該被忽視。但即使是可以估價的那一小部分，也構成了一個極有說服力的經濟敘事。

最後是**支持服務**，基本上由生物學、物理學和化學組成，這個服務使地球上的生命成為可能。從光合作用到養分循環，都為我們賴以生存的所有其他服務奠定了基礎。

先說清楚，對我們而言，並非所有大自然的影響都是良性的，生態系中確實存在著破壞，像是農場中的雜草、蝗禍到煙霧繚繞的森林大火。但重要的是，要知道在人類歷史的大部分時間裡，大自然基本上會自我調節。但當越來越多人開始要求大自然提供更多再更多的服務時，問題就來了——這樣做完全打壞了地球生態系統的平衡。想像一下，一個信託基金家庭試圖依靠帳戶利息生活，同時卻又在不斷提取本金，甚至還有更多揮霍無度的子女加入其中。今天看到的許多弊端，實際上反映出我們在管理自然資本的存量和流量方面，留下了可恥的記錄：地球賦予我們這些資產，我們卻將其揮霍一空。

藉由這類自然資本的思維，我們得以探討永續性的問題。如果繼續以不可遏制的速度夷平森林、掏空海洋，這條路我們還走得下去嗎？顯然不行。但多少才算太超過？觀察存量可以指引我們的方向，例如帛琉的漁業之所以恢復，正是因為相對於基本魚類數量，人類捕撈的流量比例（漁獲量）已回歸到可持續的程度。

自然資本跟市場有什麼關係？二〇二二年成立的自然市場任務小組（Taskforce on Nature Markets）定義自然市場為「交易的商品或服務特別反映陸地或水域生態系統的生態系統存量或生態服務系統流量」的市場。[9]

我喜歡把自然資本想像成一條細線，連接著許多與自然相關的商業理由，其中一些在這本書已經探討過。碳市場？它們終於開始重視自然提供的氣候調節服務。

生態旅遊？它只是為社區提供了一種方法，使社區能夠從所居住的生態系統裡，依靠文化服務謀生。自然共好農業呢？它補充我們土壤中的自然資本存量，使其能夠幫助調節環境，長期為我們提供更持久的食物流。

在闡述自然市場的現狀時，該任務小組指出，以食品和商品為主的市場最大，也是歷史最悠久的，不過新興的文化或碳價值的市場也正在崛起。他們還強調我們所知道的事實：這些市場跟其他市場一樣，也會受到有害力量的影響，據估計，包括非法採礦、盜獵和森林砍伐在內的自然犯罪，每年造成的損失高達兩千八百億美元，[10]我們不能期望這種力量會自己消失。就跟任何其他市場一樣，治理工作對於促進良好行為和懲罰瀆職至關重要。

目前本書所涵蓋的案例和市場並不全面，隨著我們對大自然真正價值的認識加深，一定還會再發現跟拓展其他案例和市場。但是如果未能充分計算生態系統的全部價值，就會導致我們極度低估從自然世界中獲取的利益。藉由闡明我們目前忽視的經濟價值，自然資本架構可以發揮強有力的校正作用。

在環境市場先驅里卡多．巴永（Ricardo Bayon）看來，我們的金融資本主義體系曾經很必要，但現在已不再足夠。「我們創建的金融體系是一個極其強大的工具，可能是人類創造過的最強大的工具之一，但問題是它是在一個非常不同的時代、一個非常不同的世界中創造的，當時自然資源豐富，資本和勞動力則很稀缺。我認為這種情況正在翻轉。所以說，現在是匱乏推動價值。自然資源變得更加稀少，因此更有價值！」

「如果我們不能為自然提出經濟論據……就會走上自毀的道路，」格蕾琴．戴利說道，「在我們提出充分理由之前，都會一直待在這條路上。」

除了估算個別生態系服務的價值，有些人還嘗試估量地球上所有自然資本的價值。早在一九九七年，羅伯特．康斯坦薩（Robert Constanza）和魯道夫．德格魯特（Rudolf de Groot）等人估算全球生態系服務的價值為一九九四年的十六至五十四兆美元，相當於二〇二二年的三十二至一百零九兆美元。這兩位學者最近的一項研究將二〇一〇年的數字提高到一百三十兆美元，按現今的貨幣價值為一百七十八兆美元。[11]

要記得，這些估算涉及的是流量，而不是存量。真要對比的話，國際貨幣基金組織（IMF）估計，二〇二一年全球美元的國內生產毛額（GDP）為九十四兆美元。GDP是我們習慣用來衡量全球經濟流量的標準，但卻存在著嚴重缺陷。[12]如果覺得這個數字太龐大，似乎也跟一個不爭的事實大致相符，那就是地球上的人類生活離不開自然。

想想乾淨的空氣或水對人類社會的存在意義，這些數字難道不應該更大，甚至無限大嗎？也許吧，但這樣的評估方法只能捕捉到我們的生態系統提供的總價值的一小部分，其中有些價值還超出了經濟的範圍。如果我們主要關注的是長期永續管理，以下觀點就非常有用：使用一致的方法，至少可以顯示自然資本的存量和流量趨勢。

如果把這些龐大的數字細分到各個國家，理解起來可能會更容易。很少國家像英國那樣積極地評估自身的自然資本，英國國家統計局（Office of National Statistics，簡稱ONS）的團隊已經展開一項罕見的複雜工作，對英國城市綠地、農田、森林和海岸的價值進行評估。

英國國家統計局用的語言帶著特有的精準，發現二〇一九年「我們目前可以估價的英國自然資本，各面向的存量加起來，估計價值一．二兆英鎊」。有趣的是，超過一半的存量價值來自文化服務，其中絕大多數是以旅遊和娛樂形式呈現。碳儲存、空際汙染物清除和城市降溫等調節服務約為一千七百五十億英鎊，而水、燃料、食品等供應方面的價值為三千五百七十億英鎊。[13]

二〇二一年，英國財政部發佈了一份補充文件「生物多樣性經濟學：達斯庫普塔報告」（Dasgupta Review on the Economics of Biodiversity），為政府如何思考自然經濟學提出了一個新架構。這份報告由劍橋大學的經濟學家帕薩・達斯古普塔爵士（Sir Partha Dasgupta）主導，他現在很反對經濟學對生產性資本的狹隘關注。報告長達六百多頁，探討生物多樣性和經濟學之間的關係，是迄今為止最全面的文件。[14]

帕薩爵士跟我在他的木頭書房裡會面，他告訴我：「我們對自然的概念往往偏重娛樂消遣……愉快的散步、爬山等。但我們與自然的經濟關係……充滿了市場機制的缺失和道德風險。」他希望這份報告能夠為企業和決策者提供重新思考這種關係所需要的語言。帕薩爵士已經在英國的政治體制中找到一群願意接受他觀點的聽眾，並且在過去幾個月裡，透過數百場活動、講座和公聽會傳播他的研究結果。「英國的議員竟然這麼見多識廣，令我很意外。他們非常非常進入狀況，提出的問題也很有見地！」

拜登政府也開始推動類似的工作，試圖衡量美國的自然資本，並在二〇二二年底發表了一項國家戰略草案，「反映出美國的資產負債表上的自然資產」。此戰略建議政府「制定一套新的、能持續統計的數據，盤點我們豐富的自然資產，了解這些資產如何增益或耗損，對我們的經濟實力又有何影響」。[15]

在世界的另一端，中國這個迄今為止在氣候方面表現落後的碳排大國，終於在自然資本領域展現出一點領導力。為了將工業社會轉型為「生態文明」，中國正在辨識自然應該受到保護的關鍵區域及其對人民的重要益處，目前全國有五成的土地劃為限制人類活動的區域。中國一些省份已率先試行由格蕾琴・戴利的團隊首創的一種新度量標準：「環境生產總額」（Gross Environmental Product，簡稱 GEP），作為替代「國內生產毛額」（Gross Domestic Product，簡稱 GDP，用來衡量一段特定時間內經濟活動的標準流量）的新方法。僅依賴「國內生產毛額」來進行國民經濟核算（national accounts）顯然不夠全面，「環境生產總額」有助於糾正這種短視的問題，算法是衡量一個地區每年為了滿足人類福祉，所產生的生態系統產品和服務的總價值。雖然有這些備受矚目的例子，各國政府仍然尚未真正將自然資本納入其經濟規劃，而且 GEP 還遠無法取代 GDP 的衡量結果。知名經濟學家承認 GDP 存在缺陷，但決策者還沒達成共識要用什麼來取代 GDP。

如果政府遲遲未能達成共識並採取行動，企業或許可以當領頭羊——尤其是在決策方面限制比中國更多的地方？的確，以企業及其供應鏈為背景來估算自然資本，可能會是有效的做法。運動服裝製造商Puma於二〇一一年公布了環境損益表，聯合利華（Unilever）則在二〇一四年採取措施，將自然資本納入其供應鏈，但這方面的進展明顯比碳核算慢得多。二〇二二年麥肯錫一份報告發現，《財星》雜誌世界五百大企業（Fortune Global 500）中，有百分之八十三設定了具體的氣候目標，關於生物多樣性損失的目標卻只有百分之五。[16]即使有數百家公司做出模糊的承諾，說要積極保護自然或結束供應鏈中的森林砍伐，知名度高又詳盡的自然資本報告案例卻很少有。

投資者和公眾鮮少對自然問題施壓，可能是進展緩慢的原因之一；另一個原因可能單純就是因為缺乏專業知識。「在過去一年裡，我一直試圖向我交談過的各位執行長宣傳的一件事就是，他們應該聘請生態學家。」帕薩爵士說：「我們（經濟學家）滲透了一切，你知道的。但是如果沒有了解那些生態系統的人，公司怎麼可能知道他們進口的原物料來自什麼樣的生態系狀況呢？」

標準化也是一個問題。「氣候變遷有一個好處，就是可以簡化為單一參數：碳排放。」帕薩爵士說：「碳排放造成〔大氣〕濃度增加……溫度上升……以及對人的影響。但我年紀夠大，記得〔理解這件事〕花了很多很多年。」

當然，要為大自然估值，我們就必須追蹤各種各樣的生態系服務，這些生態系服務完全不能互換。碳排放為關注永續發展的投資者和選民提供了一個單一的焦點，不過，要施壓決策者建立一個真正與自然共好的經濟或供應鏈，就必須追蹤數十個重要指標，從森林覆蓋率、珊瑚礁健康，到農場和城市的生態系服務都包括在內。

缺乏標準化一事，也體現在當前自然類的會計規則模糊不明的狀態上，但目前已有醞釀中的方案來克服這一挑戰。全球性的「自然類財務揭露工作小組」（Taskforce on Nature-related Financial Disclosures，簡稱 TNFD）就是這類努力之一，其模式沿用一個類似的機構，該機構的目標是要促進氣候報告的一致性。這個工作小組成立於二〇二一年，裡頭最多有三十五名小組成員，代表一百八十多個國家的業務實體，目的在為金融機構和公司創建一個「全球一致的自然報告架構」。目前這個架構的測試版大有可為，正在公眾諮詢階段，希望 TNFD 最終能制定一個大家都接受的透明標準，規定企業如何量化生物多樣性喪失的風險，以及跟企業活動和業務相關的負面影響。[17]

雖說前面這些事聽起來無趣透頂，但還是極其重要。透過更好的核算和揭露標準，來整頓金融體系的隱形管道，是大蕭條後市場經濟得以運轉的重要一步，讓更多人知道自然對企業、企業對自然的隱性影響，有機會推動全球金融流向對自然有益的結果，這種轉變早就應該到來。

自然資本確實受到忽視，但想像更大的資本概念時，自然資本只能算是其中一部分。包括全球合作組織「資本聯盟」（Capitals Coalition）在內的一些人主張，我們應該考慮四種不同類型的資本：自然、社會、人力和生產資本。還有人認為有五種，並將資本分為金融形式（例如貨幣）和製造形式（例如機械）。此聯盟表示，這種擴大資本定義的做法，其實充分闡述了我們對於經濟中何為重要的集體看法，目的在「應對三個互相關聯的全球危機：氣候變遷、自然損失和不平等加劇。」[18]

「資本聯盟」舉了一個例子：一家製造業者為了鼓勵減少食物浪費而提供培訓，這種做法賦予人們新技能（提升人力資本）、降低廢棄物處理的成本（提升生產資本）、在工人之間創造了共享價值的感覺（社會資本），並減少廢棄物的有害影響（自然資本）。這種代表性的例子能說明的有限，但中心思想足夠深刻。光是頭痛醫頭，腳痛醫腳，我們的社會面臨的危機不可能得到解決；如果我們不在過程中把人類照顧好，就不可能在自然問題上取得進展。

除了政府和各產業努力將自然資本納入主流經濟思維之外，開發金融機構也正在加入這個行列，來支持決策者、公司和私人投資者。例如，美洲開發銀行（InterAmerican Development Bank）成立了一個自然資本實驗室，在自然資本融資方面進行創新，試圖縮小企業和政府行動之間的差距，並提供一些金融創新的措施，我們將在後面的章節中針對此點詳細討論。

不過，數十年來，政府、企業和國際組織都一直在鼓吹永續發展的語言，世界還是繼續耗損。這次真的有什麼不同嗎？

「這些注重發展的機構，過去其實一直是摧毀自然的先鋒，它們往往認為，好吧，我們可以把這些自然資產轉變為某種有生產力的東西，來幫助一個國家發展經濟。」格蕾琴．戴利承認：「但現在經歷了數十年的破壞之後，這些機構的觀點確實正在改變，承認自然具有不可替代和絕對重要的價值。我們需要它們在近期內大獲成功，激勵他人進行相同的嘗試，建立對自然資本方法的信心。」

＊＊＊

儘管自然資本的價值顯而易見，但不可否認的是，這種價值可能有點模糊，而且難以量化。但如果我們除了碳以外，還能建立其他生態系服務的市場呢？以碳信用額架構為基礎的生物信用額度（biocredits），如果能夠對自然資本的個別單位進行估值，並創建一個能夠為保護行動提供資金的市場，那會怎麼樣？

事實證明，某種形式的自然信用額度已經存在了幾十年。一九八〇年代初，美國通過《淨水法》（Clean Water Act）後，建立了溼地補償銀行制度（wetland mitigation banking system）。[19]到千禧年前後，全國各地已經有幾百家補償銀行在運作。這些參與保育的銀行致力在某一區域建立或恢復溼地棲地，以抵銷其他地方的棲地損失，實際上也迫使不動產開發商或礦業公司彌補他們對某種特定自然資本造成的損害。

一九九〇年代末，相輔相成的「保育銀行」（conservation banking）市場逐漸成形，聚焦在為特定瀕危物種（重新）創造棲地。在英國，類似的努力主要針對大冠蠑螈（Great Crested Newt）等受威脅的物種，舉例來說，當建築工程危及現有棲地時，房地產開發商現在通常會出錢為小蠑螈建造新的池塘或庇護所。如今，英國正在採用「生物多樣性淨收益」架構，不僅向損害棲地的公司要求賠償，還要他們證明所採取的緩解措施，對受威脅物種的造成的影響是正面而非中性的。[20]

美國智庫鮑爾森基金會（Paulson Institute）估計，全球眾多生物多樣性補償市場（biodiversity offset markets）的價值為六十億至九十億美元，這絕非小數目。[21]但是，這些既有市場在保護和恢復整體自然資本時，所能創造的價值有限，因為它們所採取的法律架構是要求特定工程開發商針對造成的損害進行補償，而且損害僅限於少數幾個經濟發達的國家境內，其生物多樣性長期遭到剝奪。關鍵是，這些市場比較重視過程，心力放在（重新）創造棲地，而非強調物種多樣性和生態系統運作的結果。

有些人主張，建立一個新的、國際性的、自願的生物信用額度市場，以迅速發展的碳市場為模型，但從其不足之處中吸取經驗，可能是吸引更多保育資金的途徑之一。

里卡多．巴揚（Ricardo Bayon）在二〇〇七年與他人合作撰寫了一本關於保育銀行的權威書籍，也參與建立多個生物多樣性補償市場。針對生物多樣性單位標準化的挑戰，他發表了自己的看法。

「商品化在生物多樣性市場中是不存在的……雪豹和老鷹不一樣，牠們是截然不同的事物，因此不該被當作〔單一的〕自然商品，」巴揚的話呼應帕薩．達斯古普塔爵士的觀點，反思將氣候變遷簡化為單一參數有何益處。既有補償銀行多半都在原地區重建相同的棲地，因此避開了這一挑戰，但當試圖創建需要某種共同度量單位的國際生物多樣性市場時，商品化這種方法就不再可行。

巴揚指出，並非所有市場都需要效法石油或小麥，為基本上特性相同的交易商品設定基準價格。例如，房地產市場就可以在沒有這種標準化的情況下運作。它使用一種共同的度量標準——平方英尺，但允許香港一平方英尺的房產交易價格遠遠高於雅典相同平方英尺的交易價格。這些新的生物信用額度計畫也可以採取相同的方式，就「生物多樣性收益」（biodiversity gain）來看，哥斯大黎加一片完全復原的森林比巴西塞拉多（cerrado）[13]地區受損的草地更有價值。

克服標準化挑戰的一個方法，是要接受自然的多樣性，因此得放棄等價（equivalence）的概念。既有的保育銀行和碳抵換計畫通常建立在這樣的基礎上：一個地方的汙染或損害，跟其他地方的積極行動，兩者所產生的平衡效應。

但新的範型是可能的。聯合國和國際環境與發展研究所（International Institute for Environment and Development）建議設立「生物信用額度」計畫，其運作的邏輯跟抵銷不同，重點在於「對生物多樣性全然積極的貢獻」。[22]

他們援引生物多樣性和氣候研究組織「華萊士行動」（Operation Wallacea）的工作成果，該組織的創辦人提姆．科爾斯（Tim Coles）等研究人員建議，一籃籃的生物多樣性指標（類似用於計算零售物價指數波動的想像商品籃）可能有助於量化生物多樣性收益。透過追蹤一些跟當地相關的指標變化——比如，在復育珊瑚礁時，可以追蹤珊瑚覆蓋率、從環境DNA（eDNA）⑭取樣的微生物多樣性，以及藉由影像分析得出的魚類多樣性——或許就可以根據指數的改善情況，建構生物信用額度並進行交易。按照「華萊士行動」的算法，一個生物信用額度，相當於每公頃為單位時，所選擇的一組指標的平均值所增加或避免的百分之一損失。在英國、墨

⑬ 譯註：巴西的一片巨大的熱帶草原生態區，是巴西僅次於亞馬遜雨林的第二大主要棲息地類型，生物多樣性豐富。

⑭ 譯註：environmental DNA，從環境樣本如土壤、水、空氣、沉積物等生物生存過的環境中收集而來的DNA，而非直接從生物體內取樣。

西哥、宏都拉斯等地，都有試驗計畫在進行中。[23]

這些新方法很仰賴我們自身的能力，要有辦法理解和追蹤極度複雜的生態系統。下一章我們會詳細探討改進後的新興技術如何以前所未有的方式支持這種追蹤工作，這對於前幾個世代的生態學家來說是難以想像的。

在我看來，這波對生物多樣性相關信用機制的興趣，真正價值在於強調嚴格驗證的結果。企業講給我們聽的自然正成長商業模式，有太多感覺良好但缺乏實質內容的故事。如果他們為復育自然提供資金時，能夠擺脫等價的假象，也就是在規範市場和自願市場中，都能把生物多樣性「提升」的成果給量化，我們就可以開闢一條新的道路，支持各種生態系統恢復其自然資本，同時避免自願碳市場早期出現時，常有監測不力和誇大宣稱等削弱信任的問題。

隨著時間累積，這樣一個系統可能會允許透明地疊加各種生態系服務，比如在碳價值之上疊加水過濾。這樣的疊加讓我們得以分別為每種生態系服務估價，然後把它們加總起來，而不是將生態系價值視為共同效益，但並不清楚各自對信用價格的影響。雖然我們在生物信用額度的建構和交易方面還沒有很到位，但對於關心生物多樣性的人來說——希望我們所有人都是——在未來的歲月裡，這是一個值得密切關注的領域。

雖然有很多人正在努力發展和改良自然資本工具，但在生態思想家和社會運動家當中，也有不少質疑這個概念的聲音。廣泛的批評意見認為，自然資本思維與自然的內在價值相悖。喬治・蒙貝特（George Monbiot）是位對自然界深具關懷的作家，他指出：「期望我們能夠透過破壞生物世界的思維方式來保護生物世界，是一種妄想。」以為「自然存在是為了服務我們」、「自然的價值在於我們可以獲取的工具性利益」、「這種價值可以用現金來衡量，無法衡量的部分則不重要」，這些觀念已經證明對地球上其他生命造成致命的影響。[24][25]

另一位評論家布拉姆・布舍爾（Bram Büscher）則主張，外在動機可能會蒙蔽我們保護自然的道德和精神原因。[26]

後來，我開始仔細研究原住民的自然觀以及跟自然的互動，我也深信自然終究是無價的。但之於我，自然資本思維顯然是對這一信念的補充，而非與其相悖。格蕾琴・戴利也一直在思考自然資本方法和這些崇高本能之間的相互作用。

「首先，這種內在價值的論點令我深深感動……近期一切生活裡的事物都被商業化和金融化了，我希望我們能夠對早年的文化培養更多的意識和理解。但在防止生態系統崩潰方面，我們幾乎沒有取得任何明顯的進展。我覺得，如果我們只侷限在精神和內在價值方面的爭論，那就註定沒戲唱了。在我自己的生活圈裡，現在我已經五十多歲了，我看到許多親近的朋友嘗試完全依靠這種內在價值。我現在覺得，我們需要的牽引力更有可能來自於，讓每個人都意識到他們跟大自然的短期利害關係，其實跟他們自身的福祉有關。」

我同意。我的看法與批評者的觀點相反，我認為自然資本思維絕非要推斷無法衡量的事物就不重要，只是勉強算為自然的完整經濟價值設定了一個底價。重點是要記住，自然市場已經存在，只是目前建構的自然市場對自然的估價有很多錯誤，導致了數百年來的破壞。

像蒙貝特這類環境思想家反對自然資本的部分原因是，自然資本將自然價值轉化為金融價格，讓人感覺自然資本可以被其他形式的資本替代。蒙貝特寫道：「在為一條河流、一片風景或一個生態系統定價時，要嘛你是在為出售做準備，如此這樣的做法是邪惡的；要嘛你並無意買賣，那麼這樣的做法就是毫無意義的。」

戴利指出，我們賦予的美元價值在某種程度上並不重要。「說來說去，只是要以某種一致的方式來比較選擇，而使用貨幣度量就是使其一致的一種方法。這種比較的用處基本上可以追溯到人類文明的起源；事實上，最早的書寫形式楔形文字，是在美索不達米亞地區（Mesopotamia）逐漸演變而來的，它是最早的農業社會開始生產和交易穀物時，為了記錄所發展出的一種簡單方法。」當時和現在一樣，無論是以美元還是多少蒲式耳（bushels）[15]的小麥為單位，都是我們在評價事物時一種重要的方式，以此來創造共同的語言。

「你完全可以採取一種更複雜的方法，以多種價值進行分析，並比較不同的情境。」戴利補充道，她敏銳地意識到，自然資本有別於容易交換的金融資本，在處理自然資本時存在著複雜的權衡。「通常會有一些分歧，也會有一些贏家和輸家，但藉由這些參與，往往有可能找到一條比現狀更能滿足眾多利益關係人的道路。」

我認同戴利的務實態度，但不同意這些作為要嘛邪惡、要嘛毫無意義的說法。沒有一個自然資本的會計師在執行這些評估時會帶著破壞的意圖——他們幾乎總是試圖將先前隱藏的價值納入帳目，以提出保護的理由。無論如何，居心不良的傢伙從來不需要靠自然資本評估來為破壞行為辯解：無論有沒有自然資本思維，對自然

[15] 譯註：穀物，水果等容量單位，在美國約為三五．二三八升，在英國約為三六．三六八升。

進行惡意剝削的概念之門早已敞開。

就算自然生態系統沒有受到直接威脅，為自然資本做價值評估也不是毫無意義。形成商業案例可以幫助支付持續保護和階段性再生的費用，而且兩個目標都值得支持，因為在這個世界上，企業、政府和個人的經濟私利，能對自然產生助益的程度，往往比我們認定的多得多。

某個相關批評認為，自然資本思維可能被用來私有化自然，將本應受到管理來服務共同利益的東西變成私人利潤。一種回應是，許多自然資本評估都是在國家層面進行的；通常國家最有條件透過減少災害救助或健康支出等形式，捕捉分散的生態系服務產生的公共財利益。

自然資本帳戶（natural capital accounts）促使國家對自身生態系統的狀況進行長期仔細的檢視，辨識出在哪些區域推動保護和再生行動，具有經濟上和道德上的意義。另一種回應是說自然私有化已經箭在弦上：私人農民、牧場主人和林場主人幾乎能夠在地球的大片土地上為所欲為。問題在於，當前的模式一直把他們推往開採資源的方向；事實上，自然資本或許有助於提供他們需要的鐵證，來回應他們目前採用的模式並不永續的問題。

即使是那些畢生致力於保護自然世界的人，現在也認識到自然資本思維的價值。大衛・艾登堡爵士（Sir David Attenborough）在「達斯庫普塔報告」中表示：「經濟學是一門會影響到重大決策的學科，跟我們所有人都密切相關。〔這份報告〕終於將生物多樣性置於核心位置，提供我們迫切需要的指南針。這樣做讓我們看到，將經濟學和生態學結合在一起，你我有可能在最後關頭幫助拯救自然世界，同時也拯救我們自己。」[27]

戴利敦促我不要拘泥在小細節而忽略大局。她說：「我們已經失去了太多自然，能恢復一點是一點——這才是我們要盯緊緊的目標！」

對她而言，自然資本思維似乎更講究實效，不只是純粹的意識形態，畢竟幾十年來她對立意良善的公共資助者和私人捐助者感到很失望，這些資助者和捐助者為自然迫切需要的投資所付出的努力遠遠不夠。「慈善事業永遠不足以保障我們所需的大部分資金。我們也看到，自然保護區的面積太小、數量太少，分布又太分散，無法形成有效的總和。從道義上來說，我們的確需要更多自然，這個方向其實非常清晰。只要我們說的是真話，無論選擇以何種方式來傳達這種需求和激勵人們，都是合法的。」

戴利的「自然資本計畫」（NatCap）團隊會成立，就是為了用具體數字來傳達這種需求。此計畫由史丹佛大學設立，中國科學院（Chinese Academy of Sciences）、明尼蘇達大學、斯德哥爾摩韌性研究中心（Stockholm Resilience Centre）、大自然保護協會和世界自然基金會（World Wildlife Fund）皆為合作夥伴。計畫的首要目標是發展清晰的認識框架（如生態系服務）來思考自然資本問題，現在這些框架已經被轉化為一個開源軟體工具 InVEST，InVest 將數據和模型結合在一起，幫助決策者確定自然資本投資在哪些領域，對人類和保育行動最有益處。

戴利的工作足跡遍布世界各地，從貝里斯、哥倫比亞、中國到蒙古都去過。她曾經一上路就是好幾個星期，為決策者和企業提供有說服力的論點，倡導她協助開創的自然資本思維。世界各地已有數十家公司接受她的建議，與「自然資本計畫」團隊合作，將自然資本納入決策當中。儘管戴利推動了許多全球層面的工作，但她總是將生態系服務的思考回歸到個人層面，轉化為具體的行動。

她指了指我們周圍的綠洲。過去她一直不斷旅行，但疫情讓她在史丹佛校園停留了近兩年，這個花園稱得上是她最得意的工程。「很美吧？」她問道，一邊娓娓道來從芬蘭到奧克蘭的一系列研究，這些研究顯示自然對學齡兒童的發展和心理健康有正面的影響。「這些微小的元素告訴我們，我們並不需要總是去黃石公園或亞馬遜地區，那些地方雖然引人入勝，但往往很難到達……即便只有少少的自然，也能帶來無與倫比的益處。要知道，我們每個人都可以成為那種自然資本的管理者。」

帕薩爵士也有同感：「我的報告其實是寫給市民看的，」他指的是刪減版，不是篇幅更長的報告全文。「你必須讓酒吧裡的那個人說，不，我們不能再這樣下去了，因為我希望我的孫子孫女也能擁有我自以為理所當然的自然資源。」

企業、政府和個人每天都面臨複雜的權衡；自然資本思維的作用，就是幫助釐清保護自然和掠奪自然之間的平衡關係。我們也看到，支持自然的商業論點比比皆是。當我們悠閒的午餐接近尾聲時，我邀請戴利回顧自己提出這些論據的漫長職業生涯，是否終於接近一個關鍵轉折點。

「剛開始，我們只能舉出幾個具有代表性的例子，比如紐約市的集水區或哥斯大黎加的森林支付計畫。」她告訴我：「真正令人振奮也顯現出躍進的跡象是，我們現在有成千上百個來自世界各地的這類案例。」

她送我的臨別贈言，敦促我不僅要考慮如何複製過去的成功方法，還要思考如何創新，將自然資本思維推展得更遠、落實得更迅速。「我認為我們需要徹底重新思考我們的金融、會計和政策體系。我們的腳步還不夠快。」

我們在下一章會看到，技術和金融創新正在為大自然提供支持，這是戴利職業生涯初期難以想像的方式。「我們需要開始更積極引入這樣的理念，也就是我們可以透過自然改變社會，而且社會創新蘊含著可觀的創業機會。我們需要建立一個能夠投資和推動各地再生工作的系統。我們對自然的集體敘事需要轉向這一點。」

當我沿著史丹佛蜿蜒曲折、棕櫚樹成蔭的道路驅車回家時，我想著這個地方被認為是全球技術和創新的中心。如果像這樣的地方和世界各地的其他類似場域，能夠發揮出它們無窮創造才能的一丁點，來應對自然挑戰的話，那麼未來將會有無限可能，跟那天我頭頂上的蔚藍天空一樣遼闊無邊。

第七章
科技×自然

龐然巨象一頭接一頭走到水坑邊，陽光下白色的象牙正閃閃發亮。牠們周圍的灌木叢林中，長頸鹿和瞪羚在樹間覓食；鴕鳥和秘書鳥在地面上四處移動；蛇雕和努比亞禿鷹在頭頂盤旋。隨著正午的炎熱逐漸升溫，野生動物和觀察牠們的人類似乎都壟罩在一種慵懶的氣息中。

如果說大象從不忘事⑯，那麼牠們似乎已經容得下另一種飛行物的干擾。畢竟，就在幾周前，一架配備了相機、光學雷達（LiDAR）和熱感測器的先進無人機還在肯亞的土地上方嗡嗡作響。哈佛大學動物景觀觀測站（Harvard Animal

⑯ 譯註：原文 elephants never forget，為美國諺語。大象以記憶力良好著稱，這個描述也用來形容人記憶力好、或者不會忘記曾受過的傷。

Landscape Observatory，簡稱 HALO）已經對一個從崩潰邊緣起死回生的生態系統進行了勘測，每一平方英寸都不放過。[1]我現在位於吉力馬札羅山陰影下的塞倫凱保護區（Selenkay Conservancy），想要看看像這樣的技術能夠做些什麼、能為大自然帶來哪些新的論據。

畢竟，這裡並不是肯亞眾多國家公園和保護區中的一個。國家公園和保護區受法律保障，但只占這個非凡國家面積的百分之八。肯亞—坦尚尼亞邊界上有個知名的安博塞利國家公園（Amboseli National Park），不過塞倫凱並不位在通往這個國家公園的熱門路徑上。這裡是馬賽人（Maasai）的牧場，加上其他由原住民管理的區域，肯亞絕大多數的野生動物都棲居於此。

二十年前，塞倫凱就已經在為社區主導的保護區模式鋪路，把馬賽人的管理方法和低衝擊觀光相互結合。「獵場守護者」（Gamewatchers）是一個關注社區的遊獵服務商家，他們運作出一套租賃模式，在一萬四千英畝的土地上建立了一個小型帳篷營地，每次最多接待十八名遊客，並雇用了數十名馬賽族人擔任導遊、巡護員和飯店工作人員。三十年前，塞倫凱因過度放牧，加上牽牛花（Ipomea）藤蔓大舉入侵，環境發生退化。社區保護區模式顯然發揮了效果，既有辦法支付修復成本，還能在日漸受到威脅的地景之中，扮演再生的指標燈塔角色。塞倫凱現在是肯亞一些最大型大象的庇護所。

我一走進這個由部落經營的營地，就立刻成了粉絲。鮑瑞尼營地（Porini Camp）在某些部分不費吹灰之力就展現出別緻風情（色彩斑斕的印花搭配大地色調），其他面向卻很簡陋樸素（為了在這片半乾旱地區節約水源，使用水桶淋浴）。「獵場守護者」已將這一模式推展到其他多個地點，使當地收入增加了三倍以上，同時建立起一群忠實客戶，多半是具有生態意識的旅行者。新冠疫情讓大家都不好過，但常客已經開始返回營地。我們在前面花了不少篇幅探討考慮周詳的生態旅遊模式，「獵場守護者」完全符合。

但是，圍繞著塞倫凱的二十萬英畝土地，也就是所謂「埃塞倫凱集團牧場」（Eselenkei Group Ranch）的範圍，在很大程度上仍然受到市場經濟的壓力。肯亞的快速發展——閃亮的摩天大樓和精心鋪設的高速公路——是以傳統管理的土地為代價換來的。

肯亞的馬賽人看著他們的土地從原先由部落管理，漸漸轉變為個人所有；例如，埃塞倫凱集團的每位成員都分到大約五十英畝的土地。在肯亞其他地區，乾旱和貧困迫使這些新地主以每塊地只要十頭牛的價格出售土地（價值不過幾千美元）。從奈洛比向南，沿著一條由中國修建的新公路行駛，可以清楚看到這些土地的新主人如何在相思樹曾經矗立的開闊大草原上，豎起柵欄、牆壁、農場和工廠。

這些變化對東非的大象、獅子和牛羚來說很重要，牠們在廣袤開闊的土地上繁衍了一代又一代，四處移動，隨著季節變化遷徙。塞倫蓋蒂國家公園的牛羚大遷徙在肯亞和坦尚尼亞各處都曾經發生。那是在廣大開闊的土地被分割得支離破碎之前，當時這些地區由幾個廊道相連，後來各廊道漸漸被圍隔起來。結果是遷徙性食草動物的數量減少，人類與野生動物的衝突急遽增加，大象闖入酪梨園，大型貓科動物攻擊牛隻。

當時埃塞倫凱還沒有立起柵欄，但土地的合法「分割」已經開始，在數位地圖的幫助下，每位馬賽族的部落成員都獲得了自身地塊的 shapefile 檔案⑰，用來代替實體的標誌和界線。

「我們部落過去沒有私人土地所有權這種事，我在想現在年輕一代可能很缺錢，這是個大問題。誰能責怪他們呢？但如果他們把土地賣掉，用在農業或其他用途，野生動物要如何生存？」奧勒－卡薩因（Ole Kasaine）是一位剛上任的馬賽族領袖，大家都叫他威爾森（Wilson）。他告訴我：「一旦他們賣掉土地，錢很快就會蒸發，族人就算在自己的土地上，也會變得無地可依。」

威爾森的人生很不平凡。他出生在塞倫凱一個傳統的馬賽部落，已在這片土地上走踏了數十年。當我們穿越多樣的地形時，他僅憑視覺就能找到路，還能指出我這種未受訓練的眼睛幾乎難以察覺的野生動物。威爾森曾經接受過觀測員和嚮導的培訓，也協助社區保護區順利起步，我可以看出他對這片土地和他的族人有著深深的關心。他甚至能夠辨識每一頭大象，不管是威風凜凜的長牙象，還是泥濘中蹣跚爬動的幼象，他都能叫出牠們的名字。

「當我們說我們有辦法把野生動物帶回來，並為部落創造良好的工作機會時，沒有人相信我們……為什麼建立保護區是當務之急？這就是原因。現在也依然如此。但我們還有很多要做的事，而且要盡快行動，以免我們馬賽人的其他土地永遠消失。」

---

⑰ 譯註：美國環境系統研究所公司（ESRI）開發的一種空間資料開放格式，目前已經成為地理資訊軟體界的重要交換格式。可用於描述幾何體物件：點、折線與多邊形，除了空間物件的幾何位置（如河流的位置）之外，也可以儲存空間物件的屬性（如河流的名字）。

威爾森與維拉吉・西坎德（Viraj Sikand）一起工作，維拉吉是一位在肯亞長大的企業家，他在肯亞乾旱的北部地區跟反盜獵巡邏隊一起展開歷練。維拉吉和威爾森的圈子裡充滿運動和保育人士，這些人為建立新的荒野地帶和保護現有的野地積極奔走，努力推動肯亞的野生動物機構專業化。我跟他們其中幾位交談過，每個人都為肯亞取得的戰果喝采，但每個人也都深信，要跟上經濟變革的步伐，就必須加快自然方面的進展。

現在，他們正借助科技來推動這樣的加速。西坎德和「獵場守護者」公司的莫漢吉特・布拉爾（Mohanjeet Brar）、馬賽部落領袖帕蒂塔・恩卡穆努（Patita Nkamunu）、資深的科技公司執行長馬克・崔西（Mark Tracy）以及哈佛大學戴維斯實驗室（Harvard Davies Lab）的研究人員合作，共同創立了一家名為 EarthAcre 的新企業。「EarthAcre 的工作重點，是利用技術來為每一塊由原住民管理、獨一無二的土地進行估值，」維拉吉告訴我。「這包括土地上和土地下儲存的碳，同時也包括存在於每一畝土地上獨特的生物多樣性。藉著測繪前所未有的詳細生態系統圖，我們希望能夠大幅縮短將碳和生物多樣性相關的信用額度推向市場所需的時間，並將利益直接輸送到某些人的手中，那些人的土地是我們可以估價和守下來

EarthAcre 團隊使用哈佛大學動物景觀觀測站（HALO）的無人機進行對塞倫凱的勘測。
©EarthAcre

的。」

科技絕不是萬靈丹。但是在塞倫凱，就像在世界各地其他幾個先驅場域一樣，我們透過空中的觀測、地面的感測器和雲端的超級電腦，在測量和監控方面達成顯著的進展，使我們能夠以十年前根本辦不到的方式，無論是生態旅遊還是生態系服務額度，為大自然創造經濟論據。

當然，一切也都逃不開科技。如我們在談及自然共好農業的章節中所見，從生物肥料到精密發酵等技術，正在改變我們生產食物的方式。奧妙的生物化學使我們能夠創造出更好的替代物來取代那些破壞自然的產品，像牛肉或棕櫚油都是。在碳移除方面，生物炭和生物油注入等技術能夠將植物中的天然碳抽取出來，鎖在穩定的形式中保存數千年。像這樣本身就能生產有形商品和服務的技術，已經是一個龐大的商業領域。關於這些具體細節技術如何更積極地改變各種產業，可以寫成一整本書，也已經寫了好幾本。

不過，在本章中，我的重點是那些「促成」自然經濟論據的技術。其中許多推動技術才剛剛脫離實驗室和研究計畫，但它們有可能從根本上改變我們理解和評價自然界的方式。

這種推動技術有很多種。要理解這一切，不妨想像一種**地球的科技儀表板**，它可以讓我們隨時了解世界各地的生態系中發生的所有事情，並在問題出現時提供解決方案。

＊＊＊

首先，我們當然希望看到世界上的森林、田野、草原和海洋。過去唯一的方法就是派科學家帶著田野筆記和調查樣線地圖去實地考察。我自己也做過這種艱苦的工作；雖然前幾次很有趣，但地面勘測既費錢又耗時，也很容易出現人為失誤：有一次我在威瑟姆森林（Wytham Woods）進行野外調查時迷了路，而這裡已經是全球被研究得最透徹的一片森林。可以想像，在勘測更多未知的生態系時，會遇到怎樣的挑戰。

科技正在大大改善這種狀況。現在我們可以用成本較低的方式對地球進行遠程觀測，像是太空中的衛星，或借助輕型飛機或空拍機從空中測繪地景。

從數千英里高空的軌道上，**衛星**可以監測廣大的陸地和海洋。早在一九七〇年代，美國國家航空暨太空總署（NASA）和美國地質調查局（US Geological Survey）發射的「陸地衛星」（Landsat satellites）就為希望了解生態系統的科學家提供了豐富的數據。衛星相機就像你手機上的相機一樣，可以探測到電磁頻譜中可見部分的光線，使我們能夠追蹤到某塊土地是森林還是田野，進而觀察森林砍伐和土地利用隨著時間產生的變化。[2]

但我們甚至可以更進一步，探測人眼無法看到的波長。為什麼這種成像方式很重要？因為樹葉反射的光線可以揭露它們所處生態系統的許多訊息。例如，衛星現在可以使用「多光譜」數據來檢測各種綠色的差異，以辨識森林中存在哪些植物物種，還有它們的繁衍能力如何。

光學雷達（LiDAR，light detection and ranging 的縮寫，光探測和測距）可以進一步提高這種準確度，它發射雷射光束，並測量它們反彈回光源的方式，來捕捉地形和植被的三維結構。光學雷達感測器在空中進行碳測量時特別有用；在塞倫凱保護區上空飛行的哈佛大學動物景觀觀測站（HALO）無人機可以捕捉到地貌上一切事物的結構。「我們現在能夠精確了解景觀的樣貌，甚至精準到公分等級，」維拉吉．西坎德告訴我，「這表示我們擁有一個與眾不同的生態系統復育資料集，使我們能夠以前所未有的方式建立碳和生物多樣性的模型。」令人意想不到的是，無人機僅用幾天時間，就完成了數千英畝的土地的測繪工作；西坎德發現將光學雷達感測器安裝在較大的飛機上，EarthAcre 團隊可以一次測繪數千平方公里，收集高精準度的數據，然後可以用這些數據來培養仰賴衛星的碳和生物多樣性模型。他表示：「做到這種規模的話，每英畝的成本就會降到幾美分！」這麼做的成本，跟派遣人工審計員去查核碳計畫所花費的鉅額資金，形成了鮮明的對比。

光學雷達最近又進展到太空領域，準備從衛星上提供全球數據，不過其解析度低於無人機或飛機上的機載系統。美國國家航空暨太空總署是全球生態動態系統調查（Global Ecosystem Dynamics Investigation，簡稱 GEDI）的成員之一，因此已經在國際太空站上安裝了一台光學雷達感測器。參與開發 GEDI 計畫的科學家阿蒂克斯．斯托瓦爾（Atticus Stovall）發表了自己的看法，討論這種做法之於生態系統監測的未來：

「光學雷達基本上就像把森林或任何環境瞬間變成了電動遊戲，創造出一個完全虛擬的高解析度重建體，而 GEDI 的目標就是要把這個方法擴展到全球！」

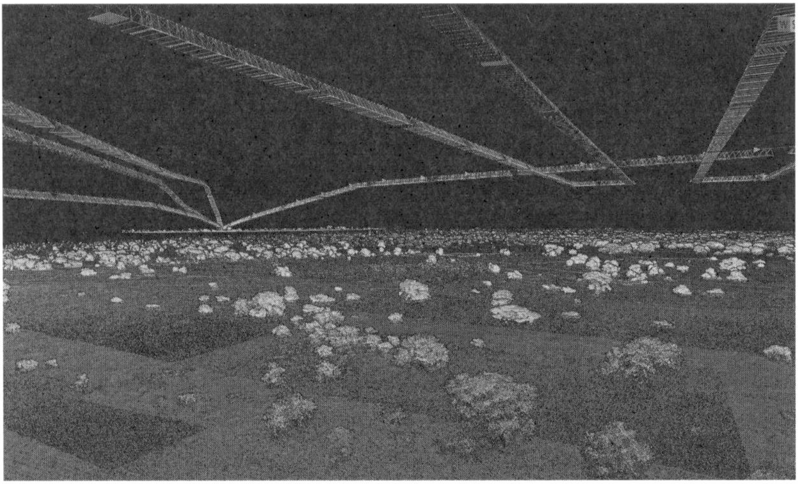

塞倫凱保護區的光學雷達「點雲」（point-cloud），上方是無人機的飛行路線。©EarthAcre

這樣做有什麼用呢？「基本上，我們讓雷射搭上太空站的便車……用它們來衡量地球上的森林。當然，這些都是預測，而不是直接測量……但有了雷射技術，我們就能妥善運用這些預測，將之轉化為對生物量和碳更有把握的測量值，也掌握它們如何隨時間變化。」

衛星已經存在了幾十年，但近來的進展使衛星對科學家而言變得更加有用。美國國家航空暨太空總署和歐洲太空總署（European Space Agencies）等公共機構已經在新衛星上裝設功能更強大的儀器，其中包括升級版的陸地衛星（Landsat）。「行星實驗室」（Planet Labs）等新一代的商業衛星供應商現在能夠從數百顆小型衛星群中提供高頻數據。「行星實驗室」的衛星可以為農民和保育生物學家等角色供給每日或每週的數據，不用像大衛星那樣重新針對同一地點取像並檢測變化，因而需要等上數週或數月。

「當我們將光學雷達數據和陸地衛星的圖像匹配時，就可以得到地球變化的高解析度圖像結合碳的測量值……我們基本上就擁有所有必要訊息，能夠了解我們在哪裡有什麼、它有多少變化，以及該如何應對。」

阿蒂克斯強調，除了碳之外，相關發展還涉及更多議題。〔生物多樣性監測〕

是這項工作令人興奮的未來方向之一，跟自然整體都有關聯，得以了解棲地、棲地結構以及物種如何在三維立體的狀態中利用這些環境。這就是為什麼美國國家航空暨太空總署未來十年將致力於了解地球上所有支配生命的系統。」

衛星不僅在取像方面有用。全球定位系統（global positioning system，簡稱GPS）最初是為了軍事用途開發的，後來也成為我們幾乎所有測繪和追蹤工作的重要基礎。不過，有些針對自然的測繪工具又更進一步：自二〇一八年以來，「伊卡洛斯計畫」（ICARUS project）利用國際太空站上的天線，成功追蹤配戴僅四克重標籤的個體鳥類、哺乳動物甚至昆蟲。在我們假設的儀表板上，利用這種技術，我們可以即時評估動物群體如何對棲地變化做出反應，並採取相應行動。

令人振奮的是，這些「遙感探測」（remote sensing）方法正在超越學術研究階段：新企業現在懂得利用此類進展，創建有助於推動實地行動的商業模型。例如，NCX 使用微軟公司的「地球人工智能」（AI for Earth）計劃合作開發的大型衛星所蒐集的北美林業資料集，來為林業工作的碳市場進行計算工作。NXC 模型的基礎是推遲採伐，使樹木在被砍伐之前儲存更多碳，這種模型建構在衛星數據和運算能力沒有進展的情況下是不可能發生的。

這類進展對其他農地和生產用地也有影響。已經有一些公司開始透過各種感測器來提供作物情報，更準確地測量地上和地下的碳儲量，並在採行再生農法後，追蹤土壤健康的恢復情況。「工作樹」（Working Trees）是我在史丹佛大學就讀期間參與創辦的一家公司，這家公司現在正在美國東南部各州推動林下畜牧；事實證明，最初安裝在 iPhone 上的光學雷達掃描儀和高解析度相機，原本目的是要改善虛擬實境的應用程式，現在也可以提供一種低成本、分散式的方式，來追蹤牧場上新種植樹木的碳儲存情況。約翰・弗耶（John Foye）和阿卡什・阿哈邁德（Aakash Ahamed）現在是公司的共同領導人，他們的使命是運用技術讓每個農民都能成為碳農民，實現碳市場入門的民主化。

「從前，要建立一個造林計畫，需要一千英畝的土地。現在，無論農民管理的土地是一百英畝、十英畝、甚至一英畝，任何規模都可以參加我們的碳計畫。如果沒有智慧型手機的光學雷達技術，這根本不可能實現！」約翰在一次田納西州之行結束後，我倆聊了起來。

同時，開放取用（open-access）的倡議行動和創新的非營利組織正在將透明度轉化為一種全球的公共財。二〇二一年年中，Google 和世界資源研究所合作推出了「動態世界」（Dynamic World）網站服務，這是一個可以免費使用的工具，首次提供近乎即時的全球土地覆蓋情況圖。[3]非營利組織 CTrees 的一個新平台現在可以追蹤全球每一棵樹木中所儲存的碳，為自願碳市場提供更高的透明度。過去就算已經有即時可用的原始數據，這樣的資料集也還是需要花上幾個月的時間來整理；現在「動態世界」和 CTrees 利用人工智慧演算法來加快數據運算，可以對進展和倒退情況有更多了解，近乎即時的資訊有助於在森林砍伐發生時，迅速採取應對措施並阻止之。

非營利組織全球森林觀察（Global Forest Watch，簡稱 GFW）採用這些資料集，為保育工作者提供見解，「為全球森林正在發生的事情，創造前所未有的透明度。」。這樣有何幫助呢？正如 GFW 所言，「更優質的資訊有助促成更明智的決策，以決定如何為現在和未來的世代管理和保護森林，而更高的透明度有助於公眾追究政府和企業的決策如何對森林產生影響。」[4]

雖說這些遙測感應器功能十分強大，有潛力改變遊戲規則，但我們的儀表板無論如何都還是能從現地實況中受益，就算只有一丁點資訊。「真正的瓶頸問題是如何收集高品質的現地數據，好讓遠距工作方法跟我們在地面上測量的內容建立實質關聯。」阿蒂克斯告訴我：「我職業生涯的很多時間都是在野外度過的，徒步穿越崎嶇的地形和叢林……遙感探測技術雖然感覺很難以置信，但至少也應該為實地測量提供同等份量的支持。」在這方面，科技進步也讓我們能夠對生態系統有更清晰的理解，這在幾十年前幾乎是無法想像的。

從婆羅洲中心地帶的紅毛猩猩到尼泊爾山頂的雪豹，**相機監測（camera traps）**徹底改變了難以觸及的生態系統中探測野生動物的方法。數十年來，傳統的相機監測（任何動作都會觸發）會產生成千上百個誤判，將任何移動誤認為是目標動物，然後研究人員究必須把相機取回，一一檢視圖像，以人工來辨識任何可能有用的內容：正如你所想的，這麼做既昂貴又耗時。

如今，相機監測正在嘗試搭配人工智慧模型，以自動執行這項繁瑣的任務。「哨兵」（Sentinel）是保育X實驗室（Conservation X Labs）的一個計畫，將現有的相機改裝，使其能夠在捕捉的圖像上進行巧妙的運算。如果「哨兵」偵測到美洲豹或偷獵者，它會幾乎即時通知保育人員，使他們能更快採取行動，效率更勝以往。[5]

照相機可以跟生物聲學（bioacoustics）結合，這套新工具除了讓我們擁有經過科技強化的眼睛之外，又添了有數位能力的耳朵。大象、老虎等有魅力的大型動物一般很容易被發現，而在茂密的森林中，鳥類和昆蟲可能就特別難辨識。在我一開始接受生態學家的訓練時，老師教我學習鳥鳴來辨識鳥種，雖然這對像威爾森這樣天賦異稟的人來說很容易，但我始終無法正確辨認牠們的叫聲。再說，用老方法進行這樣的辨識，需要在叢林裡跋涉數小時或數天，這對於正在接受培訓的生物學家來說很有教育效果，但不是人人都適用，也稱不上有效率。

生物聲學的基本原則很簡單：用麥克風來接收一個廣泛頻率範圍內的音頻，包括人類聽覺範圍之外的頻率，以辨識某些物種存在與否，了解牠們的物種豐富度和族群數量。除了族群數據之外，動物的叫聲也能提供豐富的行為訊息，如遷徙和交配模式，以及競爭對手和捕食者的存在。

Dhvani 計畫（Project Dhvani，以梵文單字「聲音」為名）提供了一個例子，說明這些豐富的資料集如何有助於生態系統的監測與管理。Dhvani 團隊在哥倫比亞大學和《國家地理雜誌》等機構的資助下，正在開始建構和分析一個前所未有的聲音資料集，為印度的土地管理決策提供依據。

「它為我打開了全世界！」Dhvani 計畫的其中一位研究員維傑・拉梅什（Vijay Ramesh）告訴我，「在熱帶雨林裡，你很少能『看』到鳥！透過生物聲學分析我們能夠『聽』到的聲音後，我驚嘆道：『哇，這裡的物種比我想像的要多得多！』」改變遊戲規則的關鍵，是錄音設備的成本迅速下降：Dhvani 計畫採購的錄音機每台只要五十美元左右。

Dhvani 計畫並不僅是為了滿足科學好奇心的一套操作；研究人員的工作重點是要了解印度中部和延伸向南部的西高止山脈區域（Western Ghat range），那裡的森林重新長出來後，生物多樣性是否恢復、又恢復到什麼程度？維傑告訴我，他從已經重新造林二十多年的土地上所獲得的生物聲學數據，得出了一些令人驚訝的結果。「鳥類大部分都回來了……但介於一二〇〇〇到二四〇〇〇赫茲之間的更高頻率，也就是昆蟲活躍的頻率，卻空空如也。每一塊復育過又劣化的林地，基本上都是空的。」箇中原由仍在研究當中，但透過生物聲學研究，研究團隊發現了生態系統恢復過程中的一個重要盲點。

不過，Dhvani 計畫還是遇到了演算法的限制，必須加速處理錄音。事實證明，至今開發的許多運算模型都集中在北美和歐洲的溫帶地區，也都是根據某些地方的資料集來進行培訓，這些地區可能每隔幾秒鐘就能聽到一次鳥鳴聲。維傑告訴我：「在印度的熱帶雨林裡，鳥鳴聲此起彼落，所以這些模型在這裡發揮的效果其實相當差。」Dhvani 團隊正開始從頭建構自己的神經網絡，採取手動標記文件，好讓機器學習模型能夠適應更嘈雜的生態系統。

如果說，天空中的眼睛和地面上的耳朵，是我們的地球儀表板上彌足珍貴、精益求精的情報來源，那麼現在的技術已經發展到一個地步，即使是最稀有的植物、動物、微生物和真菌，都無法逃脫我們的監測網。

事實上，包括池塘裡游來游去的最小細菌、喝了一口水就衝進灌木叢的瞪羚、躡手躡腳穿過雪地的加拿大山貓，幾乎所有事物都會脫落微小的 DNA 碎片。這種環境 DNA，稱為 eDNA，現在可以被放大，並與資料庫進行比對分析——這種技術被稱為「關連族群條碼」（metabarcoding），能夠揭露生態系統中隱藏的棲息生物，以及牠們隨著時間變化的方式。

eDNA 可以從水體或土壤中提取，甚至可以飄浮在空氣中。哥本哈根動物園的一項研究僅透過空氣中吸取的 eDNA，就檢測到四十九種脊椎動物，包括犀牛、長頸鹿、大象，甚至還有生活在雨林之家池塘中的孔雀魚。[6]

我們已經在本書中探討過一些應用方法，同樣都是因為基礎技術成本急遽下降，對於實現商業用途的 eDNA 序列技術方面，產生深遠的影響。二十一世紀初，一個人類基因組的測定費用超過一億美元；到了二〇二二年，這個費用已經降到五百美元以下，遠遠超過了摩爾定律（Moore's Law）的曲線，當時廉價又充足的運算能力逐漸崛起，該曲線跟這個崛起過程大致同步。[7] 現在，一份商業用途的 eDNA 樣本僅需數百美元，還包含運費：這對於動不動就得花上鉅額監測成本的保育計畫來說，簡直是九牛一毛。

也難怪後來有整個企業都在這個新背景裡起家。「自然計量」（NatureMetrics）就是一家這樣的新創公司，為數百個商業 eDNA 計畫提供支持，林林總總的計畫包括世界自然基金會（WWF）在祕魯進行的海牛監測、在泰晤士河進行的魚類種群分析，或者檢視英國的開發業者是否有為了大冠蠑螈落實「保育銀行」的措施。在這幾個案例當中，與人類監測相較起來，eDNA 都以更低的成本、更快的速度，推進了保育工作的商業理由。「自然計量」公司的共同創辦人之一凱蒂・克里奇洛（Katie Critchlow），向我介紹各公司如何充分利用他們的科技支持服務。

「有一點很令人振奮，就是我們的客戶觀念更進步了，不只侷限在紙上談兵。他們從 DNA 中獲得非常深入的數據，因此發現一些物種，包括稀有、瀕危和受保護的物種，這是他們以前根本不知道存在於此的。有個精彩的例子是這樣：我們的一個採礦客戶在他們的工地上發現了一隻罕見的水獺，他們對此非常興奮，於是就和礦區周圍的農民合作，為該物種制定了一項管理計畫。」她說。

但事情的發展可不只有停留在振奮人心的消息而已。各大企業裡，自然相關的風險評估和資訊揭露逐漸變得司空見慣，凱蒂接著解釋「自然計量」公司如何開始擴大其服務範圍。「我們現在為客戶增加了一整套新的分析和決策支援層級，讓他們能夠在會議室裡針對生物多樣性侃侃而談。內容包括將變化轉為簡單、清晰的視覺呈現，幫助判斷生物多樣性是正在改善，還是正在惡化。」

「由於迄今為止，我們所掌握的生物多樣性數據一直都非常不足，要是能夠有更多數據的話，可以幫助我們更快、更容易採取行動。我知道數據並不是萬能的，但是能被衡量的事物才能夠被管理。我們才剛剛開始看到提供數據給買家所產生的影響，這些買家並不僅僅是從配合法規的角度來看待這些數據。」

在我們看來，eDNA（和其他保育技術）除了可以幫助進步企業建立自然友善的供應鏈之外，還可以引發人們關注碳市場、生態旅遊、再生農業等領域中存在的不當行為或欺詐活動。凱蒂說：「當人們開始能夠監測天空中的甲烷排放時，遊戲規則就發生了改變。殼牌公司報告的甲烷排放量多少並不要緊，因為我們知道實際的情況。eDNA 也是如此。」

我決定親自試一試。凱蒂的團隊寄給我兩份土壤樣本包，然後我去了一趟風山（Windy Hill），那裡是一個能夠俯瞰舊金山灣區的自然保護區，開始尋找 eDNA。我只需要把一些土壤舀進一個小塑膠盆裡，加入防腐緩衝劑，再送到實驗室進行分析。

我把第二套樣本包保留了一段時間，不知道該怎麼處理它，因為在某些國家進行採樣可能會受到生物安全法規的限制，而且文書工作從來都不是我的強項。最後，我決定回到我跟格蕾琴・戴利共進午餐的美麗花園，看看能在那裏收集到什麼 eDNA 數據。

幾個星期後，結果出來了。「自然計量」團隊對我樣本中發現的細菌、真菌和動物的 eDNA 進行了三組分析，每組分析都分別識別出數百個分類群（物種

在格蕾琴・戴利位於帕羅奧圖市的花園中進行 eDNA 樣本採集。

群），結果涵蓋了白色盆蟲、鹿松露、幾種蜘蛛，甚至一種已知會引起白粉病的植物寄生蟲。我收到一張生命之樹圖表，比較了風山的採樣點和格蕾琴的花園，兩者顯示的微生物和動物群落明顯不同。所有這一切，都來自兩小勺的土壤。

雖然我期盼土壤樣本中出現山貓的牽強希望破滅了，但「自然計量」的科學團隊強調，整個大局才是關鍵。「我們通常不太關注個別樣本產生的物種名單，而是在整個棲地收集多個樣本，以建立土壤生物群落的特徵。這樣就可以用來比較不同的棲地或土地管理做法，或者長時間追蹤棲地復育的狀況。」

我們周遭的生態系統錯綜複雜到令人難以置信，eDNA 只是其中的一小部分，「我們對其知之甚少，這意味著我們應該盡可能保持它的完整性！作為一名生態學家，你學到的基本觀念是，你從疊疊樂取出的積木越多，搭就越有可能傾倒。」畢竟，他們在我樣本裡發現的土生空團菌（*Cenococcum geophilum*）也許跟一隻充滿魅力的貓一樣重要。

非關好壞，近年來最重要的金融事件之一就是 Web3 的崛起。Web3 是以區塊鍊為基礎的去中心化技術的總稱，有望徹底改變從金融到社會結構本身的一切。

二〇二一年，流入 Web3 新創公司的創業投資（venture capital，簡稱 VC）數量來到前所未有的程度，據統計將近一百八十億美元，而在二〇二二年四月之前的兩年中，投資在重新造林和生態系統復育行動的創投金額僅為兩億美元。[8][9] 在我看來，這種對比很鮮明，而且相當令人沮喪，雖說 Web3 泡泡隨後在二〇二二年就驟然破滅。迄今為止，儘管在環境或生態行動方面的真正應用還很少，但逐漸滲透進入 Web3 圈子的環境關懷已經讓人看見一線希望，這些 Web3 的圈子值得好好理解，他們很可能在未來的日子裡發展出對大自然有幫助的論據。

雖然我不打算深入解釋一堆複雜的 web3 術語，但其中一些關鍵詞會對探索這個迷宮有幫助。首先是**區塊鍊**（**blockchain**），一種分散式的數位帳本，就像會計師的筆記本一樣，容許使用者記錄交易，唯一的不同是，在區塊鍊裡，沒有單一個會計師掌控一切。區塊鍊依靠一個網絡存在，其固有設計使其無法被任何單一實體操控。

作為唯一的真相來源，區塊鍊旨在促成諸多依賴信任的應用方式。你可能是因為比特幣（Bitcoin）等**加密貨幣**（**cryptocurrencies**）而認識區塊鍊，這些本身就稀缺的代幣可以讓人一夕致富，也可以一夜之間就輸個精光。

與此相關的一個詞彙是**智慧型合約**（**smart contract**），它是一種啟用區塊鍊的程式，當滿足特定條件時就會自動啟動，無須任何中介執行規則。

加密貨幣和智慧型合約結合在一起，有助於創建**「去中心化的自治組織」**（**decentralised autonomous organizations**，**簡稱 DAOs**）。在我看來，它們就像是為數位時代而生的無領導合作社。DAOs 以智慧型合約為基礎，由組成 DAO 的成員投票來進行管理；針對 DAO 活動的任何變更或解散它的決定，都可以由任何成員提出，讓其他人來進行投票。

最後一個是**非同質化代幣**（**non-fungible tokens**，**簡稱 NFTs**）。NFT 是不可變的公共分類帳，以證明數位資產的所有權和真實性。NFT 讓使用者能夠擁有人為稀缺的數位物件，如獨特的藝術品、線上遊戲裡的物品，或音樂家的獨家錄音。雖然法律層面的界定還不明確，但 NFT 也可以代表實物資產，例如一塊土地。其中許多技術已經開始應用於「元宇宙」（metaverse）中。「元宇宙」是一個華麗的詞藻，用來指涉「網路空間」（cyberspace），而不是我們所居住的物理宇宙。走在時代尖端的網絡科技信徒可能會把 DAO 和 NFT 掛在嘴上，但當這些話語被印刷成文字時，技術發展周期肯定已經更向前推進了。

目前已經出現很多關於 Web3 的文章，包括比特幣「挖礦」（mining）對碳排放造成的深遠影響，以及利用電腦運算來處理比特幣代碼（Bitcoin code）並生成新幣的過程。比特幣的碳足跡相當於一個紐西蘭的面積，其排放影響是一個重要的問題，不過還是有改善的空間：二〇二二年，技術變革使得比特幣的主要競爭對手「以太坊」（Ethereum）的排放量大大減少。就這件事來說，重要的是所謂的 Web3 技術是否能夠使我們實實在在採取行動，來解決我們在現實中面臨的各種挑戰。根據我的觀察，Web3 的三大應用方向正在逐漸形成。

首先，人們正在探索分散式帳本（distributed ledgers）的潛力，期望在碳服務和生態系統服務市場中建立信任感和可驗證性。目前許多碳交易都是「場外交易」，發生在買賣雙方之間，沒有像股票市場那樣的市場基礎設施。彭博終端（Bloomberg terminal）是股票價格走勢和交易量即時數據的絕佳來源，但新興市場還說不上能夠提供同等程度的數據。資本市場展示了如何在沒有 Web3 的情況下，還是能夠建立信任感，去中心化的分類帳雖然也是要解決相同的挑戰，但並不用重新建構使傳統金融世界運轉的眾多系統。

「再生網絡」（Regen Network）是 Web3 領域的先行者，它於二〇二二年推出了這樣一個碳和生態系統的分類帳，「建立『再生帳本』（Regen Ledger）的目的，是作為地球生態索賠和資產的公共登記處。」傳統銀行也加入了加密貨幣的行列。「碳市」（Carbonplace）是由包括瑞士銀行（UBS）和渣打銀行（Standard Chartered）在內的七家大型銀行發起的一項新協議，旨在成為碳市場和碳交易首選的「結算基礎設施」。

雖然去中心化的分類帳宣稱能為碳市場帶來前所未有的透明度，但新型態的DAO正在面對不同的挑戰，也就是要擴大碳減排和碳移除市場，包括透過自然方法來達成目標。人們會對DAO感興趣，主要因為它們採用一套通常會令人困惑的規則，稱為「代幣經濟學」（tokenomics），希望這套規則能為成員創造財富。它們常常很類似龐式騙局（Ponzi schemes）[18]，隨著越來越多買家進入系統，價格也會隨之上漲。

---

⑱ 譯註：是一種金融詐騙手法，又稱為「金字塔型騙局」，在台灣俗稱「老鼠會」，以「挖東牆、補西牆」的方式讓投資人獲得利益並持續投入資金，直到騙局泡沫爆炸為止。

在某些情況下，它們的代幣除了人為的稀缺性之外，沒有任何基本價值。然而，在許多以碳為焦點的 DAO 裡，代幣是由碳信用額所背書的，碳信用額本身的價值則會波動。我不會試圖解釋這些代幣經濟學系統的動力關係，包括它們的熱潮漲退時，為何產生劇烈的價格波動。隨著各種快速致富計畫登場，DAO 創造出贏家和輸家；對我們而言，真正的問題是 DAO 是否能從根本面增加對新碳移除的需求，並在過程中幫助恢復自然。

在有關碳市場的章節中，我們得知並非所有的碳信用額都是平等的。一些 DAO（如 Eden DAO）針對他們接受的信用額設定了很高的標準，並與碳權交易平台 Patch 合作，Patch 是一個聲譽良好的市場，匯集了一般認定高品質的碳信用額。就我看來，增加高品質碳信用額的流動性是很值得的做法，但許多時候，DAO 到頭來會大大損害它所希望促成的碳市場的完整性。

Klima DAO 的傳奇及其所依賴的「Toucan 協議」（Toucan protocol），證明了 Web3 的應用無論是出於多麼善意的動機，都可能產生意想不到的後果。Klima 與 Toucan 的組合，其規模遠勝 Eden 公司，目的也很明確，就是要清除廉價、低品質的碳信用額，抬高碳信用價格，使新計畫更有利可圖，最終卻不經意地把資金推向陳舊、毫無價值的碳信用額，其中包括所謂的「額外信用額度」（additional credits），將資金導入已經成形又可帶來利潤的可再生能源計畫中，這些計畫基本上沒有創造新的氣候效益，真正的買家也絕不會提供資金支持。

非營利組織 CarbonPlan 的報告指出：「Toucan 似乎正在為長期被忽視的信用額創造全新的需求，而這些信用額度近年來幾乎沒人需要。我們發現約百分之二十八的 Toucan 過渡性信用額度（相當於六百萬噸二氧化碳當量）來自我們所謂的『殭屍專案』」，指的是多年來在 Toucan 和 Klima 出現之前，在公開市場上找不到買家的低品質計畫。「最終，仰賴區塊鍊的碳抵換策略，派上用場的幾乎就是基本的碳信用額度。當 Toucan 或 KlimaDAO 這樣的組織把品質管制外包給碳抵換的註冊管理機構時，它們不僅得冒險反映出當今自願市場中的問題……，還可能成為更有良知的買家淘汰信用額度時的垃圾掩埋場。」[10]

DAO 及其複雜晦澀的規則，跟 NFT 的簡單邏輯形成了鮮明的對比：NFT 的買方會支付費用來擁有某樣東西，通常是無形的，但有時是實物，買方靠著獨特的代幣來證明他們的所有權。許多人使用 NFT 則純粹是為了投機，他們購買卡通猿猴和首創推特貼文的 NFT，希望能以更高的價格轉售；到了二〇二二年年中，這些泡沫市場已經開始漸漸退場。除去發財夢和 NFT 賣的東西，有時候人們是為了求一個機會，想為生態系統的恢復做出貢獻，並換點獨一無二的紀念品。

我採訪了尼爾．斯帕克曼（Neal Spackman），他跟全球各地的社區和原住民部落合作，幫助振興傳統的農耕和水產養殖方法，恢復受損的沿海土地。但尼爾也發起了一個 NFT 計畫，名為「一億紅樹林」（100 Million Mangroves），我想知道是什麼讓一個致力於自然資本的企業家去涉足 Web3。

「我之前多多少少有注意到 NFT。但 NFT 是在二〇二一年夏天才流行起來，因此出現了這個機會。我們找上一位優秀的藝術家賽義夫．哈克（Saiful Haque），我問他是否可以一起發展一個 NFT 計畫，並將全部的資金用於紅樹林復育。我們就是這樣開始的。」尼爾告訴我。每位捐助者都會收到一件獨特的藝術作品，作為他們對該計畫付出貢獻的回報。

在我看來，紅樹林 NFT 只是單純在慈善型群眾外包的基礎上，添加了一個 Web3 的轉折。「對 NFT 的主要批評之一是『你並不擁有真正的東西』，對吧？任何人都可以複製，任何人都可以取得資料。但以我們的立場，我們不希望你們購買那些數量正在增加的鳥類、蜥蜴和魚類。你可以擁有的，是反映生物數據的 NFT 所有權。」尼爾說。「反過來，你可以說，看，我買了這個東西，表示我對增加生物多樣性有貢獻，我為地球上的生命提供了繁衍的場所。」這就是一種（透過 NFT 實現的）生物多樣性信用（biodiversity credit）。

全球慈善捐款中，只有百分之八用於環境保護。這些代幣其中一部分的吸引力在於其獨特的敘事，也許這樣可以幫助復育計畫開發到全新的捐贈群體。[11]另一個名為「苔蘚」（Moss）的計畫也採用了 NFT 的籌資方法，將其應用在亞馬遜地區的實際地塊上，每塊土地大小相當於一個足球場，這些土地正面臨森林砍伐的風險。[12]

雖然我還是很懷疑，除了表面上看起來像慈善事業的那些案例之外，這些計畫是否還適用於其他情況？尼爾覺得，隨著這個領域的成熟，還可能出現更多的用途，包括加密貨幣和 Web3 其他構件的相關應用。「我不知道我們是在將生態貨幣化，還是在將金錢生態化。」這就觸及到 Web3 世界的更大夢想，也就是我們可以創造由自然資本支持的貨幣，該貨幣反映了土壤、生態、水域或海洋的健康狀況。這是一個很大的夢想，我不知道這個夢想是否可能實現，但我知道我今天可以創造一個產品，讓我投入比現在更多的資金來支持生物多樣性。對此，我願意支持。

隨著我們探索各種方法，嘗試利用科技來為自然創造商業論據時，我們的地球儀表板真的開始逐漸整合。現在比人類歷史上的任何時候，都能更精確、更便宜地監測自然。精確度很重要，因為它會為市場帶來信任，迄今為止，市場往往由於缺乏這種信任而無法擴大規模。往昔為自然提出經濟論點，表示要大膽相信碳確實被儲存起來了，或者生物多樣性確實在回升。技術的進步正在逐年使這些巨變不那麼巨變，這樣我們在投資自然時，可以更有把握我們付出什麼，就得到什麼。

科技降低成本的能力也是很重要的。過去，用在復育工作的預算會被龐大的經常性開支給消耗掉；現在，科技監測成本快速下降，改變了計畫的經濟效益，開發者能夠將碳儲存、生態旅遊或農業計畫的更多收益直接用在行動上，最終復育了生態系統，並將資金投入到需要的社區。

這些領域的行動者逐漸意識到，將眾多工具結合起來，所產生的效果遠遠超過其各自部分的總和。在肯亞，EarthAcre 團隊除了掌握衛星和無人機的光學雷達數據外，還打算部署生物聲學技術。「我們希望建立一套最全面的生物多樣性指標，如果不整合多種資料來源，就無法建立可信度。」維拉吉一邊說，一邊跟我在通往塞倫凱保護區滿是車痕的泥路上顛簸著。

「我們希望購買碳或生物多樣性信用的買家能夠透過 EarthAcre 酬謝我們，因為我們能夠講述一個可信的故事，說明在馬賽族管理的土地上，生物多樣性是如何恢復的。」維拉吉補充說，該團隊正在研究照片、影片，甚至 NFT 等方式，以此將買家與他們幫助復育的每一英畝土地的獨特特性連結起來。

Dhvani 計畫的薩里卡・漢維爾卡（Sarika Khanwilkar）也認為，利用科技與遙遠的荒野建立連結很有價值。「聲學之所以吸引我，是因為它可以引導人們跟自然互動，激發他們的興趣。大自然的聲音正在消失，我們可以利用〔生物聲學〕來培養人們對生物多樣性發自內心的好奇。」我們都是看大衛・艾登堡爵士的紀錄片長大的，知道早期視覺媒體的發展如何將幾代城市居民和郊區居民變成熱忱的自然愛好者。或許，新的領域已經觸手可及。

威爾森表示贊同，當我們經過成群沐浴在陽光下的牛羚時，他正凝視著吉普車窗外。畢竟，這裡是他的土地。這塊土地世世代代都在馬賽人手中，也養育了他，現在他要確保這塊土地將會傳給子孫後代。他講述了自己的童年故事，聊起他父親跟犀牛和獅子擦肩而過，也談到他對肯亞等地方的期望。

科技帶來市場創新和監測方面的進步，這點很令人興奮，但人們往往忽略科技所造就的一種能力，那就是要盡可能即時記錄和傳播像威爾森這樣的故事所發揮的影響；假如我們想要有動力去應對生物多樣性危機，這些充滿希望、變革和復興的故事就非常重要。科技如何幫助我們建立並維持跟地球的關係，其意義可能就像建構一個行星規模等級的技術儀表板，值得我們費心。

第八章
金融滅火術

曲折的車程把我們帶向美國內華達山脈的高處。拐了個彎後，眼前了出現令人歎為觀止的景色：一個巨大又清澈的水域，周圍環繞著覆滿松樹林的山坡。太浩湖（Lake Tahoe）是世界上最大、最深的高山湖泊之一，不難想像這裡是自然愛好者的天堂，夏季時總會湧入大批健行者和槳板衝浪客，冬季時則換成滑雪玩家和滑雪板運動員在此聚集。

若不是因為地處蓊鬱森林覆蓋的流域當中，也就是瓦索族（Washo Tribe）的傳統中心地帶，這片由太浩湖與眾多湖泊和河流共同形成的經典景觀也不會存在。十九世紀末，加州的淘金潮帶來了白人移民，也形成一種排斥跟消滅原住民的模式，現在看來，這種情況還是屢見不鮮，令人沮喪。隨著鐵路把發展和開採活動帶進內華達山脈，第一波保育人士儘管還不成氣候，也開始注意到這一情況。

一九〇五年，老羅斯福創立了尤巴森林保護區（Yuba Forest Preserve），並擴大現有的太浩森林保護區（Tahoe Forest Preserve）；一年後，這兩個保護區合併為太浩國家森林（Tahoe National Forest），至今仍是一個受到聯邦保護的區域。

如果僅僅將保護太浩地區的規定寫進法律就足夠，那就沒有太多故事可講了。說來也巧，聯邦保護確實減少了商業伐木，不過聯邦當局也開始著手推動長期的防火計畫，這個計畫造就了數十年的相對平靜，隨後又發生了森林大火。異常茂密的森林裡，木質殘體助長了野火，歷史性的乾旱和粗心大意的假日遊客又加劇野火蔓延，現在內華達山脈的森林大火幾乎每年都會發生，強度一年比一年驚人。

當局越來越清楚需要採取的措施：必須疏伐森林、清除枯木、恢復天然的草地和白楊林，如此易燃的針葉樹才不會再侵占這些空地。簡言之，要讓太浩地區具有抗火能力，代表得「修復」這片在外行人看來鬱鬱蔥蔥、令人心曠神怡的景觀，但實際上此地卻有林木過度生長的問題，迫切需要回復到較為疏落的原始狀態。

所有這一切都要花錢，引出了我們在本書中一直都在探討的一個問題：誰來買單？美國林務署（USFS）長期處於資金不足的狀態，越來越多的預算必須用於滅火，而不是預防火災。一九九五年，美國林務署將其百分之十六的預算用於消防工作；十年後，這一比例飆升至百分之五十以上，往後還持續上升。[1][2]但也有其他機構靠著積極應對野火的肇因，獲得經濟上的利益，像是負責公共供水的局處或保險公司。如果能力許可的話，這些機構會願意買單，現在需要的是一點金融面的創新。

這就是扎克・奈特（Zach Knight）和「藍森林保護組織」（Blue Forest Conservation）發揮的時機。這個非營利組織的目標是「以金融力剋火」，他們推動的**「森林韌性債券」（Forest Resilience Bond，簡稱 FRB）**，目的在吸引私人資本以補充公共和慈善資金，這套金融工具才剛在太浩國家森林試行成功。現在扎克和團隊希望將這種金融創意推廣到美國西部其他地區。

說到自然方面的投資，統計數據很清楚，這類投資根本不夠。智庫保爾森研究所（Paulson Institute）估計，目前全球在各種保育事務的支出總額為一千兩百四十億至一千四百三十億美元，包含政府支出、慈善捐助、抵換和永續供應鏈。此數字遠遠低於世界各國政府為農業、林業和漁業提供的有害補貼（harmful subsidies），補貼總額超過五千億美元。保爾森研究所估計，到二〇三〇年，世界需要為「生物多樣性資金缺口」籌募資金，來補充目前為自然界諸多危機所花費的微薄金額，所要的資金金額至少是六千億美元，甚至可能高達八千兩百億美元。[3]

私人和公共投資者已經意識到這種需求，目前正在設立新的基金，投資自然碳計畫、自然正成長的供應鏈、氣候技術新創企業等。不過，雖說增加投入自然的資金一事很重要，但本篇章並不是要談投資的必要性，這點在其他章節已經詳盡分析過了。

在本章中，我倒想探討我們如何巧妙地運用這些資金，來凸顯各個領域的行動者如何參與金融創新，來為自然資本服務。

「藍森林」組織的模式，目標在解決所有公共土地都面臨的一個問題：復原工作的成本全都由前期承擔，而效益則分散在許多年。林務署確認過需要復育和疏伐的區域之後，「藍森林」組織就會去尋找他們所謂的受益人，亦即可能跟改善森林健康狀況有金融利益關係的其他實體。其中一個實體是負責管理尤巴流域的尤巴水利局（Yuba Agency）。威利·惠特西（Willie Whittlesey）幫助促成了尤巴流域的森林韌性債券計畫，他表示，「藍森林」提給他們的成本效益計算結果「只是勉強符合商業判斷。每十年清理木質殘體的費用約為一百萬美元，清除沉積物的費用為四百萬美元，這還是在沒有發生過火災的森林裡。如果再加上一場災難性的野火，這些成本將增加十倍。我們寧願花錢在預防上！」他補充說，這麼做對水質和水量有更難量化的好處，因此理由更加充分。

同時間，「藍森林」也安排好了投資者：這些實體有能力提供必要的前期資金來推動復原工作，然後隨著受益人的所得利益增加，再連本帶利逐步償還給投資者。「藍森林」把一個艱鉅的復原計畫轉化為一系列可預測、可預期的現金流，此現金流由加州消防局（Cal Fire）和尤巴水利局等受益人掌握，使太浩森林的樹木成為可以投資的對象。

此計畫的其中一個投資者是加州一家保險公司CSAA，他們本來就對加州日益嚴重的野火問題很感興趣。CSAA風險總監傑夫．休伯納（Jeff Huebner）告訴我：「就把我們想像成第一線的金融急救人員，幾乎是在救火的同時趕到現場，事後再幫助人們重建家園。我們發現，日益增加的野火對眾人的生存構成威脅。因此，我們捫心自問：我們是要繼續當個金融急救員，然後在事發之後做出回應？還是應該往源頭著手？我們該如何投資，才能獲得適當的財務報酬，又從環境和社會角度收到多重回報呢？」

於是，第一組「森林韌性債券」（FRB）因應而生。「藍森林」借鑑一套操作程序，如今這套程序已經是灰色基礎設施工程的標準，但還沒有在自然系統中測試過。投資者的資金被用於支付復原工作的成本，讓尤巴水利局和林務署等受益者能夠因為森林健康改善，之後逐漸返還資金。

「森林韌性債券」之所以能成功，是因為它在投資者和受益者之間建立起巧妙的夥伴關係，另一個原因是聯邦、州政府、部落和非政府組織等九組利害關係人有形成支持聯盟，他們在二〇一九年集結起來，組成「北尤巴森林合作夥伴」（North Yuba Forest Partnership）。「藍森林」組織的共同創辦人兼執行長扎克・奈特解釋了如何將公共和私人領域以這種方式聯合起來，以及為什麼要這麼做。

「在政策領域，我們談到在自然方面**投入資金**（**funding**）的需求；在〔私部門〕領域，我們談的是為事物**籌措資金**（**financing**）。這兩個詞通常會互換使用，但它們的含義不同。」

「『藍森林』同時在做這兩件事，很奇怪，對吧？我們在做的，是整合來自聯

「藍森林」計畫區域
裡的森林護管員。
©Blue Forest

邦、州政府以及地方政府的一系列不同**資金**（**fundings**），然後以公私協力夥伴關係的形式來進行**融資**（**finance**）。」關鍵在於如何安排這些現金流，「想辦法讓每年的〔現金流〕更順一點，讓我們所做的一切更可預測，也更有效率。」奈特表示。

「藍森林」的試驗計畫試圖回答三個問題：「這些實體單位能否簽訂這類契約？能夠監測到他們這樣做的好處嗎？投資者會接受這一切嗎？」結果證明，這三個問題的答案都是明確肯定的。有了第一次試驗的成功經驗，尤巴水利局希望把該計畫從實驗地帶擴展到他們管理的所有三十萬英畝土地。在全國範圍內，美國林務署達成了一項協議，開始在其他六個州推廣「森林韌性債券」，研究類似的財務結構是否有助於火災後的復原工作以及積極的管理作為。美國林務署的娜塔莉·伍爾沃斯（Nathalie Woolworth）表示：「除了林務署撥款的經費（預算分配）之外，以合作夥伴關係和公私資本結合的財務機制來發揮影響力，是『十年野火危機行動計畫』（10-Year Wildfire Crisis Strategy）的關鍵戰略。」種種條件的配合，為「藍森林」這樣的努力打下了基礎。

「現在我們有辦法跟林務署合作，他們表示：『我們認為這項工作非常有價值，我們也想投資它。』現在聯邦政府啟動兩個不同的計畫，承諾在未來十年要投入五千五百萬美元在這個領域，這絕對是一筆大投資。」扎克・奈特興奮地說道，他承認還需要更努力來說服投資者加碼，但他斷言第一個「森林韌性債券」已經是很寶貴的證明，「讓人們相信這個目標可以在一千萬美元的規模上實現，最終提升到一億美元。」

威利似乎樂於接受挑戰。「我們必須以前所未有的速度和規模，展開森林復育的工作。這是我們該做的，把森林恢復到一八五〇年代以前的狀態是我們的目標，尤其是〔美國〕西部的森林。這樣才能創造出真正能夠適應野火和氣候變化的景觀。」

簡單來說，自然的金融創新通常還是採用傳統鉅額融資的結構和工具，再對其做些調整，好把資金用在我們活生生的星球上。金融創新者正在想方設法重新組合各種工具，包括與績效掛鉤的債券與保險、信用評等和普通股所有權，來為自然正成長的目標服務。讓我們來探討一下，金融創新是如何支持其他自然論據的。

保險（Insurance）是我們用來保護財產、汽車或假期等投資的日常購買商品，它將風險從個人身上轉移到一個匯集的基金，每年只要支付相對少少的費用，就能在少數人遭逢不幸的艱困時期，理付賠償給這些人。那麼為什麼我們不為環境資產和依賴這些資產的人做同樣的事呢？

世界上第二大的大堡礁「中美洲珊瑚礁」（Mesoamerican Reef，簡稱MAR）已經成為這方面的試驗基地。這個礁群順著加勒比海沿岸的墨西哥、貝里斯、瓜地馬拉和宏都拉斯海岸延伸，生物多樣性極為豐富，能為海岸提供保護、減少海灘侵蝕、充當魚類孵育場，並支持著瑪雅海岸（Riviera Maya）旅遊中心的運作，每年都能創造一百億美元的收入。健康的珊瑚礁也是抵禦颶風和暴風的第一道防線，可將波浪能量減少多達百分之九十七。[4]

二〇一九年，墨西哥金塔納羅奧州（Quintana Roo）政府決定投資保護這一寶貴的自然資產，於是就在大自然保護協會的幫助下，向全球再保險公司的巨頭「瑞士再保險公司」（Swiss Re）投保。而魔鬼藏在細節裡：一旦風暴襲擊，珊瑚礁遭到破壞，時間就至關重要。如果有資金可以迅速評估損害並開始重新種植珊瑚，珊瑚礁在下一次風暴來臨之前，就更有機會恢復。因此，保單被設計成「參數式」的，當公開可核實的指標達到破壞程度時，保險就會自動理賠，不必像車禍後等待評估人員按照程序辦事，為損失訂下一個金額。以這個案例來說，就設定了第三級颶風為啟動理賠的門檻，亦即風速超過一百節（knots），並由國家颶風中心（National Hurricane Centre）獨立測量。

時機很湊巧，二〇二〇年戴爾塔颶風（Hurricane Delta）侵襲，保單幾乎立即理賠出八十五萬美元給沿海地區的復原工作。中美洲珊瑚礁基金（MAR Fund）是一個由中美洲珊瑚礁地區國家的保育基金組成的非營利組織。他們見到這種做法的好處之後，正在購買第二份保單，以覆蓋更大的珊瑚礁區域，將保險範圍擴展到瓜地馬拉、貝里斯和宏都拉斯的部分地區。同時，該基金還計劃支持一支由潛水員組成的緊急救援隊，只要保險一理賠，他們就會立即趕赴現場，展開復育工作。[5]

珊瑚礁絕對是海岸系統中最具魅力的一種，而紅樹林和海草等系統可以為社區帶來更大的防洪效益。大自然保護協會在二〇二〇年十二月發布了一份報告，調查將這種模式擴展到更多珊瑚礁和其他棲地的可行性。[6]

關於解決生物多樣性危機，世界銀行針對保險業能夠發揮的作用，提出了一個宏大的願景。在其二〇二一年的報告《為自然生存提供保險》（*Insuring Nature's Survival*）中，世界銀行概述了保險公司如何幫助保護自然資產，以及如何促進更多的投資，稱生物多樣性喪失是「保險業日益重要的風險跟機會的來源」。[7]不過，就目前而言，為大自然投保的想法，充其量也只能算是一個小眾概念。

Nephila是一家專業的災害和天氣風險保險公司，它成功地建立了一套商務系統，幫助企業和政府應對極端天氣事件和氣候變化對資產造成的威脅。這個市場本來似乎不太可能開始。

Nephila公司董事長巴尼．蕭伯（Barney Schauble）告訴我，所有保險公司在擬定新的保險方案時，都必須回答三個關鍵問題：風險預測的準確性、收費多少，以及市場在未來可能有多大。「最後一個問題是關鍵。如果一個人的問題值五百萬美元，那就沒多大意思了……但如果更多人有同樣的問題，而且可能是一個十億美元的市場，那就是你可以建構風險組合的時候了。」

他同意在金塔納羅奧州進行的試驗計畫很有前景，但也強調，要開始擴大對自然保險的需求，還需要更多的努力。「試驗計畫證明有找到一種做事情的方法。但我們真正需要的是一些壓力，來想辦法持續做下去。此時此刻，對於大多數這些國家、公司和個人來說，還沒有真正的外部壓力來防範損失。」

他說，如果決策者能夠刺激這種需求，情況可能就會迅速改變，並指出印度成功向其廣大的小農農業部門推出農作物保險的例子。「大約五、六年前，政府認為僅僅在作物欠收時作為農民的後盾，並不是長遠之計，因此鼓勵保險公司發展當地的農作物保險。雖說保險公司得到很多補助，大部分的保費也由政府支付，但真正的目的是至少建立起一個架構，讓私人市場開始出現，有了一個大市場之後，情況不妙時，也會有一些來自印度以外的資本進入該市場，在雨水過少或過多的時候提供支持，最後就可以慢慢抽掉補助。但現在保險經紀人、保險公司和再保險公司已經先建立了一個完整的生態系統。」

我們談得越多，我越意識到，對保險的需求可能來自各方：碳抵換開發商可能會購買針對野火的保險；生態旅遊和農業事業體可能會為乾旱或風暴購買保險；城市可能會意識到去防範沿海生態系統的損失，其實符合自身的經濟利益。

「讓我感覺很有希望的一點是，有很多聰明人和大量資本正在動員起來，試圖改變決策的形態。現在真的只是速度的問題。要知道，現在是二〇二二年，不是二〇一二年或一九八五年，那時人們才剛開始考慮這個問題。所以真正的問題是：我們有沒有辦法讓這些資本快一點動起來？」

保險公司當然有辦法幫忙管理損失風險，但積極投資通常是第一道防線。一些組織正在採取**成果導向型融資**（**outcome-based financing**），類似「藍森林」組織在北美開創的模式，將其用來資助更廣泛的生物多樣性干預措施。

二〇二二年三月，世界銀行及合作夥伴發行了有史以來第一個野生動物保護債券（wildlife conservation bond），也被稱為「犀牛債券」（rhino bond）。這個為期五年、總額一億五千萬美元、成果導向的金融結構，將投資用在保護南非兩個國家公園的黑犀牛族群。投資者不會收到年度配息；反而如果保育工作很成功，他們除了原本投資的本金之外，還會收到由全球環境基金（Global Environment Facility）所補助的績效費。這對投資者來說有什麼吸引力呢？因為在犀牛數量成長率高到每年百分之四的情況下，他們可以獲得比標準世界銀行債券利率更高的報酬；成長率中等的情況下，獲利表現將與原先相當；如果犀牛數量增長狀況不佳，他們還是可以拿回本金，但得接受較低的報酬。[8]

這樣的結構設計，使投資者能夠承擔犀牛成長的風險，換取潛在更高的收益，也代表私人投資者能夠放大有限捐款的影響。實際上，捐款人可以確定只有在保育成果兌現時，他們才需要付款（給私人投資者，剛開始的現金是他們先掏出來的）。就南非政府而言，它得以資助兩個具有重要生態意義的保護區推動犀牛保育，並為這些地區的社區提供生計，而不會增加其龐大的主權債務存量。

另一項創舉是**「以自然抵換債務」（debt-for-nature swaps）**，以環境成果保證換取債務豁免。這個概念最初於二〇一八年時在塞席爾（Seychelles）進行了先期試驗，當時債權人接受了這個負債累累的國家無法償還全部債務。於是塞席爾同意將部分儲金用於海洋保育，並制定政策來保護其三成的海域，作為債務減免的回報。

就塞席爾的例子而言，免除的債務數額很少，大約只有數百萬美元。然而，在二〇二二年，貝里斯又更進一步，由政府與大自然保護協會及其他夥伴合作，執行了一項「以自然抵換債務」方案，回購超過五億美元的商業債務，這些債務以每元五十五美分的價格進行交易（暗示債券持有人對貝里斯償還債務的能力缺乏信心）。新債務被結構成「藍色債券」（blue bond），由美國國際開發金融公司（American Development Finance Corporation）為這場混戰提供政治風險保險。[9]

貝里斯的債務一下子從不可持續等級轉變為投資級，這筆交易使得該國的整體債務負擔減少了相當於國內生產毛額的百分之九。貝里斯同意將部分節省下來的資

貝里斯藍洞是堡礁生態系統的一部分，現在將因簽訂的協議獲得更多資金。

金用於未來二十年的海洋保育，總額高達一億八千萬美元。我有幸親眼目睹貝里斯水下寶藏之美和大藍洞（Great Blue Hole）的壯麗景象，它是貝里斯的堡礁系統之中獨一無二的巨型海洋天坑。看到這個小國家朝著保護這些寶藏邁出如此重要的一步，讓我感覺充滿了希望。

事實上，這兩筆交易都達成了三贏的局面：國家減少了不可持續的債務（unsustainable debt）；債權人至少不會血本無歸；海洋生態系統現在也有了穩定、長期的保育基金來源。面對後COVID時代的市場動盪，生物多樣性豐富的發展中國家正在努力償還債務，更多類似的交易正在醞釀當中。

曾為世界銀行工作的自然金融顧問薩曼莎・鮑爾（Samantha Power）談到將這種方法擴展到其他領域的可能性。「例如，中非的加彭（Gabon）和南美洲的哥倫比亞等國擁有廣闊、完整的熱帶雨林，可提供跨地區和全球的生態系服務，包括碳封存和水循環。這些生態系服務對經濟和社會極為關鍵，面對氣候變化的影響，重要性更是與日俱增。當你將這些服務的價值，跟這些森林所在國家的主權債務進行比較時，就會發現對於富裕國家來說，提供債務豁免，來換取此類服務的生態系統受到保育和復育，是符合利益的做法。」

世界銀行也一直致力將環境成果納入更廣泛的政府債券市場中，跟多家公司興起發行「綠色債券」（green bonds）的做法相呼應，目的是要幫助支付企業的脫碳承諾。「基本上，比方說如果一個國家沒有達到國家減排目標，就會在利率上受到懲罰，但他們的投資者在一開始就會收取較低的利率。投資者開始認知到，把錢借給正在轉型為低碳、自然正成長經濟的國家，貸款風險較低，他們也將減輕風險而節省的部分成本跟借款方分享。發行這類債券，為政府實現目標創造了真正的財稅鼓勵措施。」鮑爾解釋道。

二〇二二年，智利成為第一個發行二十億美元的**「永續發展連結債券」（sustainability-linked bond）**的國家，該債券與減少碳排放量和增加該國再生能源的比例相關。[10]鮑爾提出了一種可能性，希望將同樣的做法應用在生物多樣性成果上，目的是「保護來自大自然，而且原本我們所有人都視之為理所當然的全球公共財。」

正如我們在犀牛債券和「以自然抵換債務」方案所看到的，慈善基金可以在金融創新中發揮催化作用。為了更妥善地協調和引導捐款，新倡議如雨後春筍般出現。這種情況並不僅只在資金雄厚的西方非營利組織發生：印度氣候合作組織

（India Climate Collaborative，簡稱 ICC）的執行主任什洛卡．納斯（Shloka Nath）向我講述了她創立 ICC 這個非營利組織的歷程，目的是要引導捐款人為印度提供行動催化基金。她說：「我們問自己：該如何為印度培養下一批氣候鬥士呢？印度在氣候及相關領域的慈善支出，累積約為三億美元。資金缺口很大，但我們意識到，人們對氣候和自然的了解還不夠充分。我們必須根據最迫切的需求，為捐款人提供解決方案，並在氣候領域為他們創造機會。」印度氣候合作組織正在建立一個以自然為主的項目組合，利用慈善資金做基礎工作，讓這些計畫對私人投資者產生吸引力。如此一來，捐助資金就可以在概念驗證（proofs-of-concept）方面發揮重要作用，進而幫助投資者對金融創新產生信心，即便一開始可能看似不切實際。

當國際組織和政府正在重新想像債券和貸款的角色，希望能夠提供融資，創造與自然共好的未來，其他人也在對普通股公司本身的結構進行深入嚴謹的研究：自重商主義時代以來，普通股公司一直是經濟成長的引擎，使管理者能夠向投資者籌募資金，以推動成長和創新。

當我第一次聽說「本質交易所集團」（Intrinsic Exchange Group，簡稱 IEG）

時，我必須承認，他們提出要與紐約證券交易所（NYSE）合作創建一家被他們稱為「自然資產公司」（natural asset company，簡稱 NAC）的新型公司，令我感到很困惑。

他們的想法似乎是，這些自然資產公司（NACs）是一種替代方案，其建構自然投資的方式跟傳統公司或計畫有別，NACs 將採用一種量身訂做的會計系統：「生態績效報告」（Statements of Ecological Performance），類似一般公司發行的財務報表。NACs 既是儲存價值的地方，也是獲取經濟效益的一種方式，效益來自土地（無論是自然存在還是經營出來的）所產生的眾多生態系服務。當越來越多土地受到保護或復育，正面的外部效果（如碳、生物多樣性、乾淨的空氣和水等）就可以透過永續採購、碳和其他生態系服務市場等途徑，轉化為金融資本。其基礎資產可以像房屋一樣升值，以反映投注在復育工作的努力。

IEG 主席兼執行長道格拉斯・艾格（Douglas Eger）向我解釋為什麼他要走這條另類的路線，以及 IEG 如何說服紐約證券交易所這麼令人敬畏的守舊派機構跟他們合作。

艾格力勸我要跳脫過往所學的金融和會計課程的束縛。「人們對自然資本進行估值，但很多價值是傳統會計標準無法捕捉到的。『我投入了材料和勞力。我賣產品。很神奇，我賺錢了』——為什麼我們會接受這種模式是創造財富的唯一途徑？」

「本質交易所集團」新模式的基本原理是這樣：一家公司可能將其農業用地列為「自然資產公司」上市，股東可以投資購買新公司的股份，參與公司的發展。久而久之，再生農業實踐可能會提高土地的基本價值，並產生生態系服務，這些服務將會被詳細記錄在「自然資產公司」的生態報告書中。「自然資產公司」的股價被設計成會上漲，投資的人可以自由交易「自然資產公司」的股票，就跟傳統公司一樣。能如此運作的關鍵，是這家公司充分重視自身的自然資本，透過改善其存量與流量，獲得經濟上的回報。

艾格向我解釋若某個農民合作社想走「自然資產公司」這條發展路線的話，能得到什麼實質好處。「比方說，為了資助再生農業，可以收取一小筆額外費用，但是你必須找到一種方法，將生態系服務的生產與商品作物結合起來。『自然資產公司』能為農場變革提供資金、扮演供應鏈的角色，並為服務對象提供更好的產品。」

艾格跟我們遇到的一些其他自然金融改革者不同，他堅持，要讓自然市場活躍起來，有必要建立一個新的股票市場範型。在他看來，建立「自然資產公司」是我們在本書中探討的自然資本架構的必要演進，應該要透過調整資產負債表，把自然資本納入其中，而不僅止於使用傳統金融的現有語言，來描述自然風險和影響。

如果「本質交易所集團」和紐約證券交易所能夠實現這個看似荒誕的想法，金融生態圈很可能會因此受益。也許不久後的將來，紐約證券交易所首次公開募股時敲響的鐘，將定期為致力於恢復地球生態的「自然資產公司」響起，潛在投資者也能得到一個喘息的空間，不用受到消費性產品公司轟炸，一直被推銷那些漂綠過的成長想像和繁榮願景。

地球的命運岌岌可危，我們必須願意為一些金融創新冒點險。當荷蘭東印度公司（荷蘭語 Vereenigde Oost-Indische Compagnie，簡稱 VOC）在一六〇二年進行世界上第一次的首次公開募股（IPO）時，肯定有遇到困惑和懷疑。[11]後來的鬱金香泡沫經濟事件中，股價暴漲又暴跌，那些懷疑論者很可能覺得自己得到了證明。但荷蘭東印度公司一直撐到了十九世紀初，當時股份公司（joint stock corporation）已經成為不可動搖的全球標準。

金融系統還有其他可以好好調整的特點，來因應自然正成長的商業模式。其中最受矚目的是評等機構系統，如全世界的標普全球（S&P Global）和穆迪公司（Moody's）等，它們使投資者能夠獨立且幾乎即時地評估企業的信用風險。位於倫敦的新創公司 BeZero 和 Sylvera，以及位於美國的 Renoster，是新一代評等機構的例子，它們將技術支持的生態系統監測跟勤奮的分析工作相結合，創建出專門針對自願碳市場的全球評等機構。

例如，BeZero 對數百個計畫進行了評等，方法跟傳統金融機構處理企業資產負債表的做法大致相同；根據他們的說法，一個 AAA 級的計畫「要避免或減少一噸二氧化碳當量的可能性很大」，而 A 級計畫則「可能性很小」。BeZero 評估過各種各樣的計畫，從印尼的泥炭地復育計畫（評等為 AAA 級）到瓜地馬拉的潔淨爐灶計畫（評等為較低的 A 級）都包含在內。

「當我們剛開始研究自願碳市場時，我們對碳計畫的品質評估跟每噸碳的價格之間，完全沒有任何相關性……這反映出市場上完全缺乏透明度。」BeZero 的首席科學家尼克．阿特金森（Nick Atkinson）告訴我。我在碳市場的親身經歷證實了這一評價：投資第一波碳計畫就像是在買入一支股票或債權，對於公司的基本財務表現或信用評等一無所知——在疫情期間的股票交易熱潮時，這種情況並不罕見，但對於一個健康市場的運作來說，肯定不怎麼理想。

「我們的想法，是希望為計畫產生的碳影響提供一個客觀的評價，從而為投資者或購買碳噸的人提供透明度。他們知道，如果看到評級較低的碳信用額，每抵銷一次，可能需要買兩個信用額。」評等機構經常會出錯，幾間最大的金融機構在二〇〇八年金融危機期間也發生過這種事。但對於缺乏深入評估個別計畫的投資者和買家來說，評等機構仍然是一個重要的工具。

BeZero 的地球觀測部門負責人菲利普．普拉茨（Philip Platts）是一名生態學家，他最關心的是不透明的碳市場對保育成果的影響。「如果好的計畫沒有得到好的報償，進行得又不順利的話，對保育工作會是一種阻礙。反過來說，如果進行得順利的話，碳信用額的價格能夠更準確地跟碳和生計方面的貢獻相關聯，它就可以成為推動保育工作的重要工具。」目前，BeZero 專注於碳市場，但他們的下一個目標是要為聯合國永續發展目標（UN Sustainable Development Goals）或生物多樣性評定共同效益。

＊＊＊

反思傳統金融世界，其中的運作充滿深度和流動性，我不禁要問，這些新興的自然金融商品該怎麼做才能受到同等重視。

扎克．奈特告訴我，「藍森林」也曾面臨同樣的問題，最後的結論是需要更充分的證據和溝通。「我們需要借鑑那些已經運作得宜、在人們心目中占有一席之地的融資概念。這不是一個金融或科學方面的挑戰，而是溝通上的挑戰。從根本上說，你是在教育投資者，你自己也在學習如何在將政策轉化為金融手段的過程中，更好地傳達這些計畫的內容。」

當然，針對自然的融資方式不可能跟針對灰色基礎設施的融資方式完全相同。奈特表示：「綠色基礎設施有利有弊，跟灰色基礎設施不同的是，現金流沒有那麼明顯，人們進入森林並不用支付通行費。因此，我們需要有點創意，把不同的利害關係人拉進來，並且了解對他們而言，成功意味著什麼。」

本質交易所集團等一些自然正成長融資的先驅，正在努力打破傳統金融的束縛。當這類努力有起色的時候，會令人感覺幫助自然使用當前金融體系的語言是值得的，至少是很務實的做法。「如何讓一切看起來更像是典型的基礎設施工程融資，裡頭還有一份購電協議和某種承購協議要簽？我們如何讓這些計畫看起來、感覺起來都跟其他基礎設施投資沒什麼兩樣？我認為『藍森林』從創立的那一天起，就已經融進了這種基因。」奈特解釋道。

儘管這些金融創新可能很有價值，但它們往往介於公共和私人控制之間，這也解釋了為什麼我們在此探討的許多金融創新，目前都還是傾向說服一個由公共和私人投資者組成的聯盟，而且還是得想辦法縮減這兩種投資者之間經常存在的巨大鴻溝。

奈特指出：「金融界人士大多都低估政府的力量，政府人員則是不理解或小看了金融的力量。」他自己也經歷過一次重大轉變，從此信服公共財政的力量。「當我在交易部門或金融界工作時，從未想到過政策的力量和政府運作的規模。這就是為什麼我認為讓政府參與其中，成效會很強大的原因。」

金融終究是一種對應目標的手段而已。如果最終目標是為了最大化短期內的私人利益，不去考慮生態或社會成本，而且這些是我們透過金融系統選擇表達的價值觀，系統就會產生相應的結果。對我來說，認識了自然正成長的融資創新之後，我開始抱有一點希望，認為一種不同的範型也許已經伸手可及：這種範型將曾經激發經濟活力的金融巧思，用在保護我們星球的生命支持系統，讓我們和我們唯一的家園在這個過程中都能受益。

第九章
原住民的自然觀

從奧克蘭市中心下了渡輪，感覺就像回到遠古的紐西蘭。蕨類植物鋪滿了森林的地面。各種色彩的鳥都在這裡棲息，有的在樹冠間飛舞，有的就算不會飛也顯得安然自得。整個夏季期間，我體驗到世界上堪稱風景最優美的通勤經歷，每天都要前往蒂利蒂利馬唐依島（Tiritiri Matangi island）進行研究，考察島上珍稀的野生動物，一邊向幫助建立起這個保護區的社區學習。我們跟滿眼驚奇的遊客一起進行戶外訪查之後，大家在一個可以俯瞰豪拉基灣（Hauraki Gulf）全景的草坡上共進午餐，四周全是羽色斑斕的紫水雞（毛利語 pūkeko），等著來搶點剩食殘屑。

我在紐西蘭和其他原住民部落度過的時光，讓我對一種更古老的自然觀有了更深的認識，這種自然觀根植於原住民智慧和地球本身的無價感。畢竟，據說世界上八成完整的生態系都存在於原住民的土地上；即使在今天，這些由原住民管理的區域所覆蓋的地球表面面積，也比我們所有國家公園加起來還要多。[1][2]

這些傳統的信仰體系並沒有把人與自然割裂開來，而是一致認為人跟自然其實密不可分。這種理解跟我在本書開頭篇章所描述的殖民保護主義路線形成了對比，因為殖民保護主義傾向把地球上的動植物看作是可遠觀而不可褻玩焉的事物。幾乎所有原住民部落都與生物多樣性和平共存了幾千年（雖說全球的物種滅絕情勢顯示，這種說法並非絕對）。就算我們能夠接受市場制度的限制，或已找到方法與限制共存，原住民文化依然為我們指出了一條與地球和睦共處的道路。

但我的意思並不是說，支持守護自然的經濟論點總符合原住民的世界觀，雖然乍看之下有很多相似之處，但其實並非如此，反倒是原住民的世界觀提醒我們，經濟學不過是一種實用且及時的補充，為自然永恆不朽的價值錦上添花。經濟學和自然結合起來，開拓了一條前進的道路，擺脫高高在上的西方堡壘式保育——這種舊模式將原居民趕出他們的土地，用柵欄圍起國家公園，邊界外的一切都留給資本主義的榨取力量去控制。如此一來，根本無法阻止我們的地球現在所面臨的混亂局面。

紐西蘭跟世界上許多地方一樣，曾經是英國的殖民地，經歷過令人痛心的鎮壓、開發和資源榨取。紐西蘭在毛利語中被稱為「奧特亞羅瓦」（Aotearoa），其殖民主義的開端和鄰國澳洲明顯不同。[3]澳洲被歐洲移民宣告為「無主之地」（terra nullius），其原住民被「賦予」的權利極少，甚至被當作次等人類對待。

在奧特亞羅瓦，英國人和當地的毛利人之間，經過二十年的接觸和摩擦，終於在一八四〇年簽署了《懷唐伊條約》（Treaty of Waitangi），其條款即使在今日從紙上讀來，也隱約具有進步意義。英國皇室和北島毛利酋長簽訂的條約內容規定，毛利酋長作為英國臣民，享有充分的權利和保護，包括「土地和財產、森林、漁業以及他們可能集體或單獨擁有的其他財產。」

不出所料，沒多久皇室就違反了條約精神，毛利部落 iwi 發現自己在他們已經居住了數百年的土地上被邊緣化。不過，時間日久，這份文件越加顯現出非凡的生命力，為更加平等的關係奠定了法律基礎，後來「懷唐伊調解法庭」（Waitangi Tribunal）在一九七五年成立，殖民者為犯下的錯誤付出近二十二億紐幣的賠償金：雖說跟所造成的損害相比，這點錢實在微不足道，但跟美國等地發生的補償辯論的氣氛卻相去甚遠。[4]我有幸在今日的奧特亞羅瓦進行研究，說到接納殖民主義前的原住民文化，這裡明顯進步許多（儘管遠稱不上完美）。

蒂利蒂利馬唐依島是一個獨特的案例，由社區主導的再生行動為各種稀有和瀕危物種創造了一個保護區，同時也為城市居民提供通俗易懂的教育體驗，得以親近紐西蘭豐富的自然資源。我來到這裡，既是為了研究蒂利蒂利馬唐依島的鳥類族群，也是為了瞭解奧特亞羅瓦的毛利人豐富的文化，因為他們的文化跟這座島嶼的自然奇觀密切相關。

就像許多島國一樣，奧特亞羅瓦的原生物種曾被搶地盤的外來入侵種給摧毀，這些入侵物種不再受到其原本生態系中天敵捕食的自然種群控制。首先是十三世紀毛利人引進了波里尼西亞鼠（很可能是無心之過）；然後是歐洲移民帶來的貓、鼬等更具破壞力的物種。一位燈塔看守員的貓蒂布爾斯（Tibbles）在史帝芬島異鷯（Stephens Island wren）滅絕的過程中，影響至關重大，甚至扮演著決定性的角色。這個故事只是要說明，就算是極少數的入侵物種，對於一個不習慣哺乳動物掠食者的鳥類族群來說，也有著極其深遠的影響。[5]只有蒂利蒂利馬唐依島等少數幾個島嶼成功地驅逐了入侵者，成為原生野生動物的世外桃源。

當我接受島嶼導覽員的培訓時，經理瑪麗・安（Mary-Ann）建議我直接使用島上居民的毛利語名稱。「用英文名字是也沒什麼問題……但對我來說，當我們描述這些美麗的鳥類時，英文名字聽起來實在不夠貼切。」

於是，我學到體型小巧、黃黑相間的縫葉吸蜜鳥（stitchbird）被稱為「hihi」；全紐西蘭只有四百多隻的圓胖彩虹色秧雞是「takahē」（毛利語：南秧雞），牠們更常見的表親是 pūkeko（毛利語：紫水雞）；煩人嘈雜、具有獨特紅色肉垂的燕雀類鳥是 tīeke（毛利語：鞍背鴉）。植物的族語名稱也更適合它們：「pohutukawa」比奇怪的英國中心主義名字「紐西蘭聖誕樹」更契合；「ponga」指的是遍布全紐西蘭體育標誌上的銀蕨。

我們沿著島上蜿蜒蜒蜒的小路和幾個散落各處又迎風的林間空地進行現地田野調查工作，能夠深入探索毛利人的自然觀，對我們來說是調查工作中可喜的解脫。

我曾經跟非常出色的毛利人和 Pākehā（毛利語：白人）保育人士一起工作，從他們身上學到，毛利人非常認真看待自己作為環境管理者的責任，他們對大自然懷抱著深深的尊重，保護自然不僅是因為它能維持生計，也出於傳統、精神或文化上的聯繫，這些聯繫往往比各種物質考量更重要。以「kaitiakitanga 原則」為例，

蒂利蒂利馬唐依島上瀕臨滅絕的 takahē。

說的是「為了禮敬祖先和保障未來，選擇守護和保護環境」。這種職責一部分很務實，另一部分則源於一種集體的渴望，想要保護他們土地的「mama」（毛利語：精神力量）。過去，kaitiakitanga 由 kaitiaki（守護者）負責執行 rāhui（對某一地區實施臨時禁令或限制，例如禁止採集資源）和保護 wāhi tapu（神聖之地）。現今，kaitiaki 與政府合作解決環境問題，爭取將「kaitiakitanga 原則」納入立法，也倡導將自然的無形與神聖價值整合進法律條文之中。

對毛利人來說，從土地或海洋中取得東西是一種特權，同時也要承擔相應的職責，特別是作為 kaitiaki 的長遠責任，要為子孫後代守護和保護自然資源。[6] 毛利人並不認為人類與環境是分離或對立的，其精神建立在一個信念之上，就是人類的幸福與自然息息相關。此類概念對於全世界的原住民族群來說並不陌生。

雖然這種信念跟西方關於自然內在價值的見解有一些共同點，但有一個重要的哲學差異值得強調。老派歐洲中心主義的自然愛好者，即使懷著滿滿善意，也是從保護主義的角度來看保育問題，按照毛利人和白人研究團隊的一篇評論，認為人類的利用行為「對環境造成破壞或問題，就約定俗成的使用方式而言，並不合乎道德。」[7] 堡壘式保育已經取得一些重大的成就，但明顯的失敗仍所在多有，整體進展也嚴重不足；八十億人還需要依靠土地過上很久，這是無法迴避的事實。

歐洲中心主義的保育觀念，跟驅動原住民自然觀的「為未來使用而進行保育」的精神，兩者形成了鮮明的對比。「使用資源並不是一種褻瀆，而是對野生動物的尊重，甚至可能是一種額外動力，來促成良好的環境管理狀態。從這個觀點來看，人類被視為生態系中有能力充分交流的一份子，會產生相當程度的影響是很自然的。」研究人員寫道。[8]

地球絕大多數範圍都位在嚴格的保護區之外，對這片廣大地域來說，無論是為了生態本身的利益，還是為了集體使用，原住民秉持要與正常運作的生態系統共存的觀念，似乎來得更合宜可行。

早年蒂利蒂利馬唐依島的森林被大量砍伐，用於耕種和放牧羊群，一直到一九七〇年又大規模重新植樹，種下二十四萬棵原生樹木。入侵的掠食者被逐出小島後，大部分從大陸消失的鳥類轉移到安全的蒂利蒂利馬唐依島，其中包括了tīeke、hihi和takahē這三種鳥。更難能可貴的是，所有這一切都不是由合約廠商完成，而是由數十名志工成立的一個保育組織「蒂利蒂利馬唐依島支持者協會」

（Supporters of Tiririti Matangi）推動的，他們持續監督著這座現在蒼翠繁茂的島嶼的日常運作。奧克蘭地區的毛利人和太平洋島民會定期來訪。[9]在蒂利蒂利馬唐依島最令我難忘的一天，是我為一群市中心貧民區學校的孩子們帶導覽，雖然他們的成長環境距離豪拉基灣拍岸的海浪只有幾英里之遙，卻從未見過大海。

更往南一點，紐西蘭保育部（Department of Conservation，簡稱 DoC）已經開始共同管理史帝芬島（Stephens Island），這裡就是名叫蒂布爾斯的貓被指控的犯罪現場，現在是稀有的特有種喙頭蜥（Tuatara lizards）的保護區，牠是最後一種曾經與恐龍一同在地球上漫遊的爬行動物。在史蒂芬島，當地的毛利部落 iwi 和紐西蘭保育部在原住民的土地上建立起共同管理的約定，這種安排後來頗受讚揚，說是推動奧特亞羅瓦的整體保育工作時，很務實又公平的一步。

這些保育方面的進展，所發生的背景是人們正在用更寬闊的視野，重新想像紐西蘭原住民文化與現代社會之間的關係。後來在二〇二一年的懷唐伊日（Waitangi Day）[19]，最高法院第一位毛利法官威廉斯（Tā Joe Williams）的話讓我印象深刻。他指出一系列大小跡象，從各界都接受用毛利語唱國歌，到在法律和社會問題上取得的進展，都表明人們越來越能相互尊重。「這說明了我們正在成為什麼樣的人。

重點並非我們已經是什麼樣的人，而是我們正在成為什麼樣的人，因為我們還有很長的路要走。現在我們可以說，Māoritanga（生活方式）不僅對我這個毛利人很重要，對每個人其實都很重要。這一基本理念背後蘊含著強大的動力。」[10]

奧特亞羅瓦與其原住民文化的關係，就像它在整體環境問題上取得的成績一樣，離完美還有很大一段距離。但那個夏天我離開奧特亞羅瓦時，心中依然充滿希望，因為這個國家正在採取務實的做法來解決棘手的難題，它擁抱了一種生態世界觀，源於 Māoritanga 的精神，強調保護，而不是破壞。

澳洲原住民的經歷和奧特亞羅瓦的原住民截然不同，前者的殖民史可以說更為黑暗，當前與非原住民群體之間的不平等更加明顯，此外文化背景也不同。例如，雖然毛利人基本上共用一種語言，但在歐洲殖民時期，澳洲原住民和托列斯海峽（Torres Strait）的島民使用超過兩百五十種語言和方言，反映出這片廣袤土地上文化和民族的多樣性。毛利人大約八百年前才從其他玻里尼西亞島嶼遷移到紐西蘭，而澳洲原住民至少在五萬年前就已經在澳洲定居了。

由此可見在澳洲，人類對動植物的影響要久遠得多。千百年來，澳洲原住民依靠火來做土地管理。他們用火的態度很謹慎，對生態也諸多考量，因為火是傳統知識和文化的核心。「火帶來美好的事物。它讓土地變得舒適、安定、富饒又美麗。」史學家比爾．甘米奇（Bill Gammage）在《地球上最大的莊園》（*The Biggest Estate on Earth*）一書中寫道。澳洲原住民的用火管理能夠「比任何自然火災機制都還能維持更豐富的多樣性……野火肆虐的情況很少發生。人們必須防止野火，否則就會死亡。他們努力使火變得容易控制，想辦法讓致命的火災只留在傳說和警世故事中。」[11]一切作為都源於跟土地的精神連結以及世代口耳相傳的生態知識，知道何時何地才適合點火。

簡言之，像是現在惡名在外的無尾熊和袋鼠，還有讓牠們維持生存環境的樹木和植物，這些澳洲的現代生態與人類共同演化了幾千年。當然，是直到歐洲移民來了，情況才有所改變，這些移民很怕火，對於傳統習俗善於用火，也同樣蔑視。

⑲ 譯註：紐西蘭的重要紀念日，同時也是國慶日，日期為每年二月六日，紀念紐西蘭的立國文獻《懷唐伊條約》（Treaty of Waitangi，毛利語為 Te Tiriti o Waitangi）簽署的日子。一八四〇年二月六日，來自紐西蘭各部落的毛利領袖跟英國皇室代表簽訂《懷唐伊條約》，成為雙方在紐西蘭建立當代國家的依據，在紐西蘭社會與憲政及法律上具有重要意義。

澳洲野生動物保護協會（Australian Wildlife Conservancy）的首席科學家約翰．卡諾夫斯基（John Kanowski）向我解釋澳洲適火生態系（fire-adapted ecosystems）的癥結所在。「歐洲人對火的觀念截然不同。我自己來自一個林業世家，家族從德國帶來的林業理念強調火災是一種威脅，必須加以防範。原住民受到十分殘暴的對待，幾千年以來用火的方式基本上也被禁止。最終的結果就是燃料負荷大幅增加，我們至今也依然無法擺脫週期性的野火。」

小規模的可控火災究竟如何為野生動物創造棲地，而不是破壞它呢？除了透過清理易燃的林下灌木來防止更大規模、更難控制的野火外，這些燃燒還在地景中形成「區塊」（patchiness），更多物種因而能夠找到自己的生態棲位（ecological niches）。「深諳這片土地的傳統地主（traditional owners）帶領我們進行了一次精采的研究，我們才意識到這點。即使最好的衛星也有一個最小像素尺寸，但事實證明，這種能維持生命的異質性大部分都是當時的工具看不到的。」

隨著地球變暖，澳洲日益乾燥，整個澳洲大陸的森林大火越演越烈。二〇一九到二〇二〇年間的火災季節，又稱「黑色夏季」（Black Summer），燒毀的面積比斯里蘭卡還大，釋放出的二氧化碳比希臘全國一整年的排放量還要多。[12]電視螢幕上充斥著袋熊和無尾熊燒焦的畫面，估計有三十億隻動物受到傷害，還有四百四十五人死於大火。[13]

在澳洲北部，澳洲野生動物保護協會和其他組織正試圖力挽狂瀾，希望復興原住民的用火管理方法，再搭配現代設備，來改變澳洲面對火災時的愚蠢失能。例如在金伯利（Kimberly），協會跟威靈金（Wilinggin）和敦比曼加里原住民組織（Dambimangari Aboriginal Corporations）合作，來到一片以崎嶇地貌和石灰岩懸崖聞名的廣大熱帶稀樹草原上，協會邀請原住民夥伴加入搭乘直升機的消防隊，在半個英格蘭大小的區域內投放燃燒彈，製造受控燃燒（controlled burns）。

從前避免用火的農民和牧場主人，現在會來主動接觸澳洲野生動物保護協會，藉由策略性的焚燒，來保護他們的財產免遭破壞。然後，新的商業模式正在這些古老的原住民習俗上逐步建立起來，為復育活動創造資金流；與原住民團體合作的科學家已經開發出一套經過充分驗證的方法，讓這些團體可以發放碳信用額。說到底，小規模的焚燒可以防止更大規模的野火，避免釋放更多二氧化碳到空氣中。

從加拿大到納米比亞，再到巴西，世界各地還有其他團體推崇原住民用火管理的價值。我參訪潘塔納爾濕地的前一年，此地剛經歷過一連串災難性的野火，氣候變遷加劇了野火蔓延，不符合生態原理的牧場火災抑制措施又使情況越演越烈。阿拉拉斯旅館的安德烈告訴我：「官方政府和近來的移民都把火視為敵人。但火不是敵人。你得知道如何明智地用火，就像潘塔納爾濕地的老一輩（歐洲殖民者）在過去兩百五十年間所做的那樣，在他們之前的幾個世紀裡，當地原住民族也是這麼做的。」他批評說，有些人刻意抑制林火或讓稻草堆在草原上，或者在旱季時燒草，這樣跟傳統智慧有悖，因為這種時候火勢很可能一發不可收拾。

人們很容易把原住民的做法單獨拉出來看，將其視為管理生態系統的指南，以為任何人都可以採行跟複製。不過，把這些技術運用得最成功的計畫，都強調原住民的土地所有權和自決的重要性，我後來發現這些因素在澳洲南部非常罕見。「澳洲南部的情況不同，因為原住民受到剝奪的狀態更久。用火管理是一種文化產物，而不是與生俱來的技能。……如果人們與這些實踐脫鉤，哪怕只是一代人的時間，它們就會消失。」卡諾夫斯基指出。

在世界各地，殖民主義加劇了原住民的遷徙和文化同化，有意無意導致他們的語言、文化和傳統習俗凋零。但是這種殖民思維還沒有走入歷史。在印度，即便有進步的法律、有憲法保護和數十年的社會運動累積，但超過一百萬住在森林裡的印度原住民阿迪瓦西（Adivasi）仍面臨被驅逐出傳統土地的命運，為的是要推進一個把他們視為障礙而非盟友的堡壘式保育模式。[14]據報導，在肯亞，儘管新冠疫情在該國蔓延，林務機構仍然對桑沃部落（Sengwer community）實施了一系列暴力驅逐行動，把他們從祖先留下的林地上趕走；在鄰國坦尚尼亞，成千上萬的原住民馬賽人在二〇二二年被迫遷移，原因是該國計劃建造一個新的狩獵小屋。[15][16]這只不過是全球原住民族至今必須忍受的無數領土損失和屈辱的三個例子而已。

近年來，保障原住民族主權的運動日益壯大。二〇一七年，澳洲原住民族有史以來最大規模的共識聲明《發自內心的烏魯魯宣言》（Uluru Statement from the Heart）宣稱「主權是一種精神概念：即土地（自然之母）與原住民及托列斯海峽島民之間的祖先聯繫。他們生於斯，長於斯，終有一日他們將回歸原處，與我們的祖先團聚。……這種聯繫從未被割讓或消滅，而是與王室主權並存。我們尋求憲法改革，賦予我們的人民權力，在自己的國家裡享有**應有的地位**。只有掌握自己的命運，我們的子孫才能茁壯成長。他們將行走在兩個世界中，他們的文化將成為獻給自己國家的禮物。」[17]

不出所料，一個接一個研究顯示，確保原住民的土地使用權有助於保護和恢復自然生態系。全世界三億七千萬的原住民族合法擁有全球百分之十八的土地，其中大部分位於生物多樣性熱點地區，需要我們不惜一切代價加以保護。[18]研究人員對玻利維亞、巴西和哥倫比亞原住民管理的土地進行研究後，發現這些土地產生了價值高達數千億美元的生態系服務，而保護這些服務的成本，頂多只占總收益的百分之一。[19]一項頗具里程碑意義的研究調查了二〇〇五到二〇一二年間巴西的保育成果，發現原住民領域內的森林砍伐率比未受保護地區低了將近十七倍，跟古老刻板印象暗示的完全相反。[20]

扭轉土地被剝奪的局面，賦予正式權利給先前沒有合法所有權的土地，可能有助於促成自然正成長的結果。一個巧妙的研究參考巴西原住民錯開授予土地所有權的時間，來估算這麼做對於森林砍伐的因果效應，發現集體產權使森林砍伐減少了約百分之七十五。目前還有超過兩百萬公頃的原住民土地正在等待獲得這種所有權，這些發現必定讓各方呼聲更加高漲，要確保世界各地的原住民族群盡快取得權利，畢竟這些土地一向由他們照管。[21]

Nia Tero 就是為了維護這種土地所有權而成立的一個組織。Nia Tero 在亞馬遜河流域、太平洋島國和加拿大北方森林等地展開工作，「促成原住民族群和當地社區達成透明公正的協議，確保他們能夠成功捍衛自己的領土並治理之，能管理和保護自己的自然資源，追求自身的生計。」[22]

彼得．塞利格曼（Peter Seligmann）在一九八七年創立了全球性的非營利保育組織「保護國際基金會」（Conservation International），創建 Nia Tero 的過程有賴他大力促成。塞利格曼解釋道：「我們在保護國際基金會工作的幾十年裡，守住了三億到四億英畝的土地，我記得當時我在想：『天啊，可真不少！』然後我看了看地球儀，我們保護的土地大約只有中間那條虛線的寬度。我花了很多時間思考比例問題，開始理解地球上三分之一的土地都由原住民監護，其中部分有正式的所有權，部分則是非正式的，但聽說這些地方對氣候非常重要，地面上兩成到三成的碳、一半的熱帶森林、八成的生物多樣性、四成的完整生態系都位於這些地區，財政支持則幾乎為零。因此，我得出的結論是，若想達到一定的規模，我們必須全力支持原住民族群，放掉我們的權力，相信他們的權威、所有權和智慧。」

Nia Tero 成立於二〇一七年，目前聚集了與眾不同的能力組合，來為其使命服務，把不同圈子的原住民領袖都匯聚在一起，各圈子就如藝術和法律的領域般迥異。此組織致力於長期的環境保護與復育工作，方法是推動支持性政策和講述原住民的故事，讓原住民有機會發聲，並擴大全世界對原住民智慧的理解。毛利法官威廉斯現在是Nia Tero的主席，他很清楚奧特亞羅瓦的民族歷程。

Nia Tero的故事部門由崔西・雷克托（Tracy Rector）領導，她有美洲原住民喬克托族（Choctaw）和非裔美國人的血統。這個故事部門有很多成功案例，包括一部二〇二二年在日舞影展（Sundance）首映的合製作品《他們所受的教育》（*What They've Been Taught*）。「這只是一個開始。我認為講故事這一方法，能夠提升非原住民觀眾對原住民互惠觀點的理解……這樣他們就會逐漸認識並支持原住民對土地使用權和其他方面的呼籲。我們會需要盟友，要抓得住非原住民群體的情感和理智。」塞利格曼表示。

但原住民的權利和資產不只跟領土有關。有時候，傳統知識（要說是「自然智慧財產權」也行）也可以算是其中的一部分。

南非特有的琥珀紅色茶品「國寶茶」（rooibos），正是個可能發生變化的例子。西開普省（Western Cape）的科伊族（Khoi）和桑族（San）世代食用南非國寶茶（南非語指「紅灌木」），大約一百五十年前，移入南非的殖民者首次將其商業化。雖然我們最熟悉的是它作為茶葉的樣子，但目前已經有一百四十多項關於茶業生化和健康特性的專利正在申請中，其中許多特性是從科伊族和桑族當初使用茶業的傳統知識中推斷出來的。

全世界都在想辦法為原住民族群留住傳統知識的益處，包括聯合國一九九二年《生物多樣性公約》和二〇一〇年《名古屋議定書》（Nagoya Protocol），不過遺憾的是，這些行動沒怎麼創造出利益共享的規則。我們對於竊取電影公司或服裝品牌智慧財產權的山寨企業嗤之以鼻，為什麼對專精的在地知識不也抱持著同樣態度呢？

二〇一九年，如今蓬勃發展的南非國寶茶產業開創了一種分享自然智慧財產成果的新方法，也與科伊族和桑族人達成了廣泛的利益分享協議。目前西開普省的農場出產的國寶茶，每年都會從售價中抽取百分之一點五的稅款支付給部落，這些部落已經建立起管理和公平分配的機制，來處理這些收益。研究人員認為，各方的耐心、漸進式做法和對話，為原住民嘗試理解他們的傳統知識如何為企業和政府帶來任何一點益處，開創了一個全球首例。[23]

有些地方甚至進一步推動了法律創新，將保護範圍從人類對自然的管理，延伸到自然本身的權利。

奧特亞羅瓦再次樹立了榜樣。二〇一七年，全國第三長的旺阿努伊河（Whanganui River）被承認為法人（legal person）。有些人只聽說過西方意義上的法律人格地位，對他們來說這種做法聽起來可能有點離奇，但這種改變是因應英國財產權而生，做法是將河流及岸上的土地劃分成不同的部分。對於居住在該地區的毛利部落 iwi 來說，河流是一個不可分割的整體，具有自己的生命力，也就是「mauri」。最終，懷唐伊調解法庭介入，宣布河流具有自己的權利，並任命兩名監護人代表河流發言。

為什麼毛利人想要這種對「Te Awa Tupua」世界觀的認可，也就是將河流視為一個有生命的整體？他們明確表示，不是要阻止經濟活動，也不是要制裁參與經濟活動的人，而是要從符合其傳統自然觀的核心理念出發，來考慮這種利用行為。因為自然給予人類，也值得人類給予。[24]

厄瓜多也做了類似的事，二〇〇八年的憲法由大多數公民投票通過成為法律之後，也賦予 Pachamama（地球母親）可依法執行的權利，包括「維持和重建其週期、結構和功能和演化過程」的權利。二〇二一年，厄瓜多的憲法法院將此法付諸實施，命令政府撤銷洛斯塞德羅斯（Los Cedros）雲霧林的採礦許可以保護生態系的權利，因為此地環境已經受到嚴重威脅。[25]

其他地方的進展就沒有這麼順遂。在印度，喜馬拉雅山區的北阿坎德邦（Uttarakhand）高等法院引用旺阿努伊河的案例，在二〇一七年賦予長期以來被印度教徒視為神聖的恆河（Ganga）和亞穆納河（Yamuna rivers）法律人格地位。[26] 此舉的時間點，發生在多年來阻止汙染物流入這兩條河流的司法行動之後；然而，印度最高法院在同年晚些時候暫停了這一命令，稱其在法律上站不住腳。[27]

自然權利運動雖然進展時有停滯，但它試圖從根本上重新思考人類與自然的關係，比我們許多人想像的更加深入。雖然法律框架整體上可以發揮重要作用，鼓勵我們珍視自然，而不是剝削自然，這些舉措目前大多僅具有象徵性的意義。但象徵意義也很重要，即便它只是改變了「奧弗頓之窗」（Overton window）⑳，使其他

⑳ 譯註：在特定時間內，主流民眾所接受的政治思想範圍，也就是政治對話的限度。此範圍可能隨著社會理念的變化而向左右移動或擴展。此理論由政治學家 Joseph Overton 在一九九〇年代提出。

環境保護措施相比之下顯得更加「溫和」。在這些成果之外，至少在某些地方、從某些措施看起來，原住民的世界觀終於在法律面前得到了認可，這一事實的確值得慶祝。

當我反思自己從原住民對自然問題的闡述中學到的東西，有幾個重要的主題非常突出。

首先，當我閱讀一篇又一篇記錄著人類數萬年來對地球留下深刻痕跡的文獻時，荒野（wilderness）的概念似乎消失了。當然，也有一些地方的痕跡顯示破壞沒有那麼嚴重，通常原住民都已經在這些地方找到長期與植物和動物共生的方式。我也發現自己對於把原住民「他者化」的語言很感冒；把他們描述得無辜和高尚，感覺像是一種過度簡單的施捨。即使是毛利人，他們最初在奧特亞羅瓦定居時，也曾經捕殺過體型巨大又不會飛的恐鳥（Moa birds），導致這種鳥走上滅絕之路，直到他們找到了一種適合新環境的共存精神，情況才有所轉變。

如今，自然界的原住民守護者既依靠土地生活，又要在廣泛的市場經濟中生存，他們就跟小農和企業主一樣，也得面臨權衡取捨。解決這些權衡取捨的方式，在西方保育理念看來不太可行，例如美洲原住民因紐特人（Inuit）小規模獵捕北極熊，或者在澳洲叢林中繼續使用火來進行景觀管理。其他案例則是因為數百年以來的邊緣化，加上持續缺乏經濟機會，導致原住民不得不對自己居住的土地做出艱難的決定。美洲原住民把自己的土地開放給採礦和鑽探時，一定懷抱著沉重的心情。話雖如此，世界各地的原住民群體對自身土地相關經濟機會的看法可能各不相同。就如彼得・塞利格曼所言：「原住民並不是同質的。比方說，尤其在美國，反資本主義和動機懷疑論者的呼聲很高。你可以理解其中的原因。信任極為重要，而原住民幾乎沒什麼理由信任外部世界和商業世界，歷史上失信的例子比比皆是。大多數原住民都認為，各式各樣的意見有利於部落做出自己的選擇。」

除了經濟學方面的收穫之外，在研究和撰寫這一章節的過程中，我對原住民的文化、實踐和世界觀重新萌生了深深的敬意，但這些事情往往在拯救地球的辯論中被遺忘了。與自然的精神聯繫，將許多不同的民族都連結在一起，即使對於我們這些不認為自己是原住民的人來說，這種聯繫感也很重要、很及時且充滿啟發。

文化人類學家李察・尼爾生（Richard Nelson）對阿拉斯加的科育空族阿薩巴斯卡語系原住民（Koyukon Athabascan）有很細膩的描繪，以局外人的視角詮釋了該文化的自然觀，深深觸動了我。科育空族的世界觀是與大自然的**關係**，而不是僵化的虔誠或功利性的資源管理，他們把植物和動物都當作家人一樣對待。家庭關係可以賦予生命，也可能存在爭執，科育空人試圖從深厚的尊重出發，來應對這種複雜性，拒絕透過交易方式來互動，因為我們多數人都深知，交易可能破壞關係。[28]

以深時間的觀點，把我們自己視為地球生命力的守護者，可以讓我們做出不同的決定：當永續發展的時間尺度是千年而不是季度時，它就有了更深刻的意義。我得承認，理解了這個觀點後，甚至讓我質疑，這本書的架構圍繞在自然的商業理由，而非自然的永恆價值，這樣做是不是對的。我開始更強烈地質問自己，我是否欣然接受了實用主義，以便立刻取得進展，沒有努力重新想像我們與自然的整體關係。

不過，一系列的對話（有時是更激烈的辯論）揭示了這兩種方法之間的共同點，當然還有那些明顯的緊張關係。目前經濟學重視的生態系服務，往往涉及開採石油、砍伐木材和捕魚等；原住民文化則更珍視廣泛的生命支持服務，一直到現在，這些服務大多不受資本主義青睞。在某些方面，這些原住民觀念可能跟貫穿本書的自然資本思維有更多共同點，也就是要珍愛自然所提供的各種服務，以長久永續的方式利用，想辦法使之在未來也能細水長流，不像殖民式保育和無節制的開採都對自然保持著一種疏遠的關係。

原住民群體試圖結合經濟社會發展跟文化完整性的過程中，經常面臨別無選擇的局面，我認為我們所探討的各種商業論據，如社區型的碳信用額計畫和規劃周詳的生態旅遊，有可能提供一種出路。如果原住民真的能夠像《聯合國原住民族權利宣言》（UN Declaration on the Rights of Indigenous Peoples）所呼籲的那樣，根據這些原則做出自由且知情的選擇，那麼他們為什麼不能因為他們管理的土地為整個地球所提供的公共財，終於獲得一點財政上的支持呢？

自然資本總算可以透過公認的市場相關術語，承認那麼一小部分自然帶來的實用、文化和精神價值。藉由創建再生而非剝削型的商業模式，或許能為原住民族群另闢蹊徑，來阻止毫無約束的金融資本主義潮流。如果原住民族群選擇支持長期守護自然本身，拒絕自然的商業論點，非原住民行動者也必須接受這完全是他們的權利，因為相互尊重和自決的精神才是這類互動的核心。歷經那麼多錯誤之後，這麼做才是正途。

結論

當你厭倦了所有的一切，事業、政治、交際，還有這些那些的紅塵瑣事，當你發現這些最終都不能令你得到滿足，不能永久地包容你的靈魂，還有什麼你可以託付的？大自然啊，它依然為你存在。

——美國詩人　華特・惠特曼（Walt Whitman）

多年前，我在我那保育愛好者祖母的書庫裡，讀了一整天珊瑚礁和爬行動物的書籍，越讀越對自然界的豐富多彩驚嘆連連。那晚祖母回來時，我興奮地跟她講述我學到的事情。顯然，我說得不太清楚。「我不太確定我有理解，小坎。再解釋給我聽一遍，只用三個字，像跟小朋友講話那樣。」她建議道，絲毫不在意當時我也是一個小朋友。

這本書的部分內容是為了紀念我跟祖母的這段回憶，在為本書收尾時，我想起了那天的情景，並想再次嘗試同樣的技巧。我抓耳撓腮，試圖尋找適合的簡單詞語，來概括我想要傳達的意思。最後，我在跨政府生物多樣性與生態系服務平台（IPBES）看似不起眼的報告中，偶然發現了四個跟自然搭配的字詞——**「源於」（from）**、**「融入」（in）**、**「共生」（with）**和**「成為」（as）**。

要看見自然的經濟價值，關鍵就是確切認知到我們對自然本質上的依賴：我們的生命都**源於**自然。長久以來，人們認為唯有當自然處於原始狀態，還有跟日常人際往來等俗事保持著一定的距離時，才稱得上是真正的自然，此狀態可以說只存在於紀錄片和明信片裡。這種想法不過是一種幻想，而且是一種危險的幻想，它助長了一種觀念，就是我們已經以某種方式，讓自己和我們的現代經濟脫離了對自然世界的依賴。

人類社會和經濟只有依靠自然才能長期存續發展，我們離不開自然提供的物質資源，像是食物、燃料和木材；也離不開生態系的調節和支持服務，像是授粉、碳儲存和防洪。長期以來，這麼多面向都被忽略，人們將之拋在一邊，只著重短期、榨取式的觀點。

自然的實用性還體現在我們如何**融入**自然生活，無論場景是鄉村還是都市叢林。要是能把大自然帶入我們的生活中，無論是去遙遠的海島旅行，還是在城市公園裡散步，都能讓我們過得更健康、更快樂。自然對我們的身心健康有好處，這一點不足為奇；自然能為社區和政府帶來實際的益處和經濟效益，又進一步使得照顧自然的理由更有說服力。

不過，雖然你我長久以來都知道我們**源於**自然，也**融入**自然，卻依然逃不過公地（commons）和眼界（horizon）的雙重悲劇[21]，是這些悲劇讓我們做出失策的選擇。正如本書所描述的，今日的不同之處在於，有一些先驅者正在以革新的方法，為自然提出經濟解釋。我想起帕羅奧圖市的格蕾琴、塞倫凱保護區的威爾森和維拉吉、塔妙妮島的喬恩和瑪麗娜、太浩地區的扎克，以及我遇到的其他許多人一直都

㉑譯註：「公地悲劇」（tragedy of the commons）是經濟學和環境科學常用的概念，例如一塊公有地，每個放牧者都盡可能在其上多養牲口，最後這塊地的地力就被耗盡。指個體自利的理性行為，可能導致資源過度使用，甚至造成集體的災難。「眼界的悲劇」（tragedy of the horizon）一詞用來形容氣候變遷為金融市場帶來了巨大風險，但由於市場短視近利的傾向，這些不斷增加的風險被投資者忽視了。此詞彙在二〇一五年英格蘭銀行總裁卡尼（Mark Carney）的演說中首度提及。

在不懈努力著。在新加坡和麥德林這麼遙遠相隔的城市，以及在微軟這種老牌大公司跟像 IEG 這樣的新興公司中，都能找到先驅者的身影。並非所有這些努力都能達到全球規模的等級，但它們就是一場革命的多種面貌，深思熟慮的政策、技術和金融方面令人興奮的飛躍性成長，都是促成這場革命的助力。

從碳市場、生態旅遊、自然共好農業到城市綠化，在在都證明，一種源於自然、融入自然的更好生活方式是可能的，不是在某個遙遠的未來，而是此刻當下。它們的事蹟值得廣為流傳，現在我們要回來探討你可以幫得上忙的方法。

＊＊＊

前兩個詞「**源於**」、「**融入**」代表外在或經濟的框架，後兩個詞「**共生**」和「**成為**」雖然跟前兩個一樣沒有被充分認識，但其實同樣至關重要。

與自然**共生**，並**成為**自然的一部分，是我們的立足之本，也是我們的道德和精神指南針，即使我們正在大力推動長期被忽視的務實經濟論點，也依然秉持著這樣的自然觀。

與自然**共生**——跟自然和諧相處，作為自然的管家，甚至可能要保障自然的權利——世界上所有最有智慧的傳統，千百年來都秉持著這樣的理念，鼓勵我們將自然視為文化的基礎，將我們自己視為有感知能力的獨特存在，是數十億年來演化的產物，有特殊的責任去保護與我們共同生活在這個星球上的萬物。無論我們選擇何種信仰或道德體系，都必須擁抱並培養我們對生態和宇宙的獨特體會和責任感。

最後可能是最大膽的建議——我們可以像許多原住民傳統所追求的那樣，讓自己**成為**自然。依據這種理念，我們可能會開始看到自己在自然中表現出來的樣子，並與地球上各種各樣的生命建立起最深層次的精神連結。保護自然，就是保護我們自己。

對有些人來說，這麼想可能跳太快了。但我猜，你們每個人可能都曾感受過對自然世界的責任感，在內心深處，明白我們可以**成為**自然的一部分存在著。

《聯合國氣候變遷綱要公約》的前執行祕書克里斯蒂安娜·菲格雷斯曾強調，我們不能陷入內在框架和經濟框架之間的虛假二元對立。「它們不是極化世界的兩個對立面，對我來說，它們實際上是相互疊加的。因此，當我思考保護自然的道德責任時，我把它放在最基礎的位置，往上一層，還有科學責任，跟經濟責任。……你只要把所有這些責任堆疊起來，答案就一目了然。」

主張經濟動機會削弱內在動機的那些人，忘記了市場力量已經在這些生態系統中運作：每一個盜獵者、山老鼠、集約耕作的農民、棕櫚油生產商或拖網漁船，都在對一系列傾向過度開發的經濟動機做出回應。**這本書要傳達的觀點很簡單，就是我們發聲的過程中，正在塑造一套不同的經濟誘因，這套誘因激發出我們的良善面，而非要阻礙之。我們最終需要把這些理念相互疊加起來，包括「源於」自然、「融入」自然、與自然「共生」以及「成為」自然。**具體情境可能決定了哪個框架會引起更強烈的共鳴，但它們加在一起，確實構成了強而有力的自然論點。

來到總結時，我決定不為全世界開出遏止氣候和自然危機的處方。不管怎麼說，它們最後通常會演變成老生常談，雖說這些勸戒還是很有效：政府政策要使市場發揮作用，用錢要大方，且要用在刀口上；企業要有生態敏銳度，不應該貪婪，才能創造股東和利害關係人的長期價值；工業化經濟體應該掏出承諾已久的資金來幫助發展中國家。

在這趟旅程即將結束之際，我倒想直接跟你聊聊一些值得牢記的原則，還有在你個人和職業生活中可以考慮採取的一些行動。

談到現在，我自己的一套指導原則應該已經聽來耳熟能詳了吧。

首先，在評估任何支持自然的理由時，我們可以採取建設性的懷疑態度，避免聽信那些金玉其外但沒什麼實質內涵的環保故事。我希望這些篇章有為你帶來一些工具，讓你成為一個有識別力的資訊消費者；現在你對於我們可以採用的標準已經有一些了解，以確保碳信用額是穩健的、生態旅遊有適當支持保育工作、再生產品對自然有益處。你現在也知道技術和金融工具應該能夠實現的透明程度。

但是，當你我要求徹底透明時，我們應該要帶著同理心。並非每一次失誤都是惡意的，有些人在自己的社區中試圖建立與自然共好的商業模式，他們通常都是善良、正直的人，也都在這條路上不斷學習和成長。當然要求他們做得更好是應該的，但盡量避免謾罵和一竿子打翻一船人，因為這樣往往弊大於利。

其次，我們一定要問清楚資金最終流向何處。保護自然的理由，也是支持再生經濟而非榨取式經濟的理由。追蹤資金流向，有助於揭露這些經濟模型是否為真正重要的人和地方帶來影響。無良仲介永遠都有，特別是在新市場成立的時候。希望人們的參觀或消費行為所產生的大部分資金流向相關社區，這樣的要求並不過分。

第三，我們要記住背後付出努力的人。提升人力資本可以有效幫助保護自然資本，而且守護自然和守護一個更公正、平等、反種族主義的世界，兩者之間存在許多重要的交集。改善社會的福祉，才是最終能夠為環境進步提供恆久支持的關鍵。如果不同時修復人類之間的社會契約，就試圖解決我們跟自然之間破裂的關係，這種做法似乎有點不切實際。照顧自然的最佳案例，發生的情境碰巧都是當地人在擁有充分自主權且事前同意知情的基礎上，積極地聚集在一起，就像創設紐約「高架公園」或復育塞倫凱保護區時那樣。我們每個人都可以透過自己的工作、投票、社區參與和個人行動，來創造變革的條件。

如今，我們已經看到，決策者、企業和金融部門確實能夠在當前的生存挑戰上發揮重大作用。如果你是其中任何一種角色，職業內容就要有妥善的安排：你需要明確地把自然納入你所屬組織的工作重點，利用我們在本書中探討過的任何商業理由，盡可能幫忙重新調整流程和產品，以支持自然正成長的淨零商業模式。

現在有無數心懷使命又擁有各種技能的人，像是工程師和行銷專家，正孜孜矻矻想辦法應對氣候和自然危機。這些角色涵蓋了最大型的公司和政府部門，到最小規模的新創企業、基金和非政府組織。如果你個人的情況允許，可以考慮加入他們的行列，甚至可以自己創業或發起倡議。跨出第一步時，草根行動可能會讓人感覺比較可以實現。就像為紐約高架公園發起運動或在獅子山共和國的首都自由城重新植樹造林的市民一樣，加入一個社群行動來復育自然，可能會激發個人的活力，也對當地產生影響。

作為公民和消費者，你們是民主資本主義的基石，這個身分會賦予你神奇的力量（power），即使責任（responsibility）最終還是屬於更大的系統。目前這種力量在我們知情或不知情的情況下被用來蹂躪自然系統，但它其實可以用於實現完全相反的目標。

如果你能讀完這本書，就已經向前邁出了一步，得以理解支持自然的眾多理由。雖說我們只是點到為止，但我希望你們能更深入探索自然正成長的經濟模式，它會是個豐富的世界。

在你學習的過程中，一定要跟周圍的人分享你的熱情，因為他們可能也對動物福利、塑膠汙染和物種滅絕等看似無關的問題感到擔憂。要將自然資本視為一個整體來討論，並把以下訊息傳播出去：保護自然會帶來更光明的經濟前景，過渡到淨零氣候的未來也是。氣候變遷並不是突然才出現在各全球領導人和執行長的議程上的，在這之前已經展開過無數次對話，因為有想法的人一直在不斷學習，要求自己的社會變得更好。我建議你們再次進行那些對話，這一次是為了自然好。

如果你有任何媒體方面的天賦，請考慮善用網路世界的所有可能性，來引發更多對話。我的朋友蘇菲．普頓（Sophie Purdom）決定在疫情最嚴重時創辦《氣候科技投資通訊》（Climate Tech VC newsletter），她開心承認這樣做是「出於一種自私的願望，希望整合並理解氣候科技世界。」但這份由志工運作的通訊，很快就成為氣候創投公司和投資界眾人信賴的可靠訊息來源。「我們所做的一切，就是想辦法把氣候、技術跟你今天的工作或未來的希望連結起來，以一種莊重有學養，但仍然鼓舞人心、通俗易懂又誠實幽默的方式來進行溝通！」

如果你生活在一個有幸舉行自由公正選舉的社會：請行使你的投票權。政治有時可能會讓人感到絕望，但我在這本書中遇到的許多案例，都得益於政府的周到支持。你可以在城市、州或國家等各種層面上選出盟友，他們可能表現不如預期，但也可能利用國家的力量實現巨大的改變，正如世界各地許多堅定的公務員所做的那樣。說不定哪天你還會選擇參選。

你甚至可以更進一步，參與社會運動和志願服務，在你的社群裡肩負起某些角色，培養對自然的熱情。不過在這樣做的同時，請記住，保護自然重要歸重要，但也不能犧牲氣候行動，社會運動在這方面確實取得了不錯的成果。這兩個運動是自然的盟友，只要我們將目光放在它們最終共享的美好未來願景上，就可以靠著耐心的協商，解決各種利弊得失。

守護自然的內在理由和經濟理由，彼此相輔相成，個人的小行動和對系統性變革的要求也同理。

有能力的人也可以用荷包和飲食，來表達自己的選擇。你所花的錢會產生傳遞效應，影響到半個地球以外的範圍，包括我們夢想前往探訪的原始生態系統。如果你正在閱讀這本書，你的購物清單上可能不會有象牙、魚翅或原生柚木，但我們的集體購買決策已經在無意中為亞馬遜地區創造出龐大的商機，更多大牧場、棕櫚油種植園、拖網漁船和非法礦區的投資進場，這些都不是永續的做法，企業也開始意識到這一點——你可以要求他們做得更好，讓他們早點覺醒。透過仔細檢視你的購買決定，無論決定是大是小，你都在發出訊號，表明這些影響對你很重要，傳達出你期盼一個與自然共好的未來。

無論你住在哪裡，都可以用各種大大小小的方式把自然帶回身邊。當我和聶普城堡莊園的伊莎貝拉．特里和查理．伯勒爾談話時，他們強調，即使是城市裡的居民，只要有一個窗台花盆，就可以幫助恢復自然景觀的野趣，不需要靠城堡莊園。他們在新出版的《荒野之書》（*The Book of Wilding*）一書中，為最小規模的野化行動提供了一個實用的指南。

也許最重要、也最貼近個人的一步，是培養我們每個人內心深處對自然的驚奇感。

珍．古德（Jane Goodall）在東非坦尚尼亞的森林中生活多年，讓我們更認識跟人類最接近的黑猩猩的社會生活。她寫道：「有些人曾經體驗過與大自然獨處的快樂，我實在不需要再對他們多說什麼；對於尚未有此經驗的人，我也無法用言語描述那種強烈、近乎神祕的理解，這種理解來得突然，而且完全出乎意料，讓人窺見美與永恆。美一直都存在，但真正能覺察到它的時刻卻很少。」[1]

覺察的時刻可能很少見，但在我研究和撰寫這本書的過程中，這樣的時刻卻最能深深激勵我前進。就像珍．古德所言，這種時刻毫無預兆地來臨，有時出現在我極其有幸探訪某些遙遠地點時，有時則是在最普通平凡的場景中。從雨季時的孟買眺望印度洋，騎馬穿越翠綠的潘塔納爾濕地，走過德文郡（Devon）最後幾片原始森林：每一次在這種時候，還有很多其他時候，我都為自己活著感到幸運，也比任何時候都想用力為自然發聲。

我衷心建議你，要在生活中找到更多珍．古德所說的時刻，無論是在家附近的綠地，還是作為一個體貼的生態旅行者，去到更遠的地方時，都要讓自己去感受，而不僅僅是空想。我注意到，我們社會中最年輕的成員都能憑直覺就理解這一點，然後表現在他們對動物或戶外遊戲的熱愛上。無論我們的年紀有多大，要是能一直保持著與自然**共生**和**成為**自然的感覺，那種崇高感會支持著我們所做的一切。

我們該何去何從呢？除了海平面上升和森林大火之外，每年似乎都會上演一場又一場迫切的經濟、公共衛生或地緣政治危機。但當我回想起像坎哈國家公園和科莫多國家公園這樣的地方時，我還是忍不住覺得樂觀。的確，我們已經失去了很多，但還有很多東西可以拯救跟復原。透過召喚經濟動機和內在動機，也就是我們的理智和情感，我比以往任何時候都還要有信心，相信我們能夠找到一種方法，來打造與自然共好的經濟體和未來社會，無論這種方法剛開始有多不成熟。我講述的這個故事，關於太平洋鯊魚、城市公園以及兩者之間的一切，其實要談的是人類的聰明才智，這種才智幫助我們克服了種種人性上的缺點，還有在這個被我們稱之為家的淡藍色小行星上，能夠為自然發聲的方式。

致謝

許多人給予我鼓勵，跟我分享時間、人脈，提供我寶貴的建議和支持，若沒有他們，本書是不可能完成的。

這趟寫作旅程源於我在最後一刻提交給《金融時報》（*Financial Times*）和麥肯錫公司的布萊肯．鮑爾獎（McKinsey Bracken Bower Prize）的提案，我要感謝 Lorella Belli，她是這個獎項的評審，也同意擔任我的經理人，幫助我完成提案。我很幸運能跟兩位出色的編輯合作，分別是 Duckworth 出版社的 Rowan Cope 和 Penguin Random House 出版集團印度分部的 Manasi Subramaniam，本書才能問世。

感謝我的研究助理 Angharad Morgan 工作時的耐心嚴謹，若有任何錯誤，都是我個人的責任。

撰寫這本書的過程中，許多朋友主動回饋我意見或陪伴我一起旅行，這趟歷程因此倍加愉快：Aakash Ahamed、Aaran Patel、Amy Hammond、Alex Prather、Ben

Kramer、Cath Berner、Chris Stromeyer、Dany Rifkin、Emily Fry、Eric Nevalsky、Frances Simpson-Allen、John Foye、Kobi Weinberg、Morrison Mast、Richard Ng、Siobhan Stewart、Sophie Purdom、Tommaso Cariati、Tyler Brandon、Vidit Doshi 以及其他很多人。

我倚重他人的智慧，他們的經驗比我經驗豐富得多。Anne Simpson 和 Laura Hattendorf 付出了無數時間，為這份書稿提供明智的建議。Alicia Sieger、Art Ward、Colin le Duc、Gretchen Daily、Gyanendra Badgaiyan、Hans Mehn、Henry Mance、Justin Adams、Mark Mills、Owen Lewis、Sayeqa Islam 和 Shannon Bouton 幫助我形成對各種主題的思考，還慷慨地提供了他們的人脈給我。

我的父母為這一切打下了基礎。我父親 Shrikanth 是我的第一位老師和心靈導師。我永遠不會忘記童年時，我們在印度鄉間長途駕車旅行的時光，他讓我對地球究竟如何運作充滿了好奇，幾個小時的時間就那樣飛逝而去；直到今天，他都還是我傾訴的對象和指路的明燈。我母親 Vasanthy 教會了我無條件的愛是什麼。她在養育我們的過程中做出很多犧牲，將她強大的能量都奉獻給我和我的妹妹，直到我們長大離巢。她現在是一名野生動物攝影師，無論是對我或對印度等地的新一代保育人士而言，她都是非常鼓舞人心的一個人。我對他倆感激不盡。

我妹妹 Sushmitha 總會為別人帶來靈感。她在追隨自身對瑜珈和哲學的熱情時，也鼓勵我追尋對自然的愛好，在我寫這本書的過程中，她同時稱職地扮演了啦啦隊長和白老鼠讀者的雙重角色。我知道她會永遠支持我，我也會永遠支持她。

我要深深感謝 Shyamli，她堅定不移的價值觀、傑出的創造才能和過人的智慧，對我有著深遠的影響。她透過感受、思考和理解來探索這個世界，幫助我看清什麼才是真正重要的事情。因為她，生活很容易就充滿學習、歡笑、冒險和服務；若不是她，這本書以及許多其他種種，都不會有機會來到這個世界上。

延伸閱讀

與自然和氣候相關的無數好書曾經幫助我增長見識，為我帶來啟發。如果你想要了解更多，下面是一份簡短的書單，但此清單尚未臻完善。

自然與氣候敘事

- **《博物學家的自然創世紀》**（***The Invention of Nature***），Andrea Wulf 著，John Murray 出版，二〇一五年——亞歷山大．馮．洪堡德的迷人傳記，這位博學多才的人物或許創造了我們對自然的現代概念。
- **《在大滅絕來臨前》**（***Under a White Sky***），Elizabeth Kolbert 著，Vintage 出版，二〇二一年——本書認真審視我們在地球上留下的痕跡。
- **《如何愛動物》**（**暫譯，*How to Love Animals***），Henry Mance 著，Vintage 出版，二〇二一年——詼諧又不帶偏見地探究我們為何如此殘忍地對待動物。

- 《**為明日而戰**》（**暫譯**，***Race for Tomorrow***），Simon Mundy 著，William Collins 出版，二〇二一年——這本遊記揭示了從西伯利亞到索羅門群島的氣候變化和生態崩潰對現實世界的影響。
- 《**叢林還剩下什麼?**》（**暫譯**，***What's Left of the Jungle***），Nitin Sekar 著，Bloomsbury India 出版，二〇二二年——貼近觀察印度保育行動和人類與野生動物衝突所面臨的挑戰。
- 《**氣候緊急時代來了**》（***The Uninhabitable Earth***），David Wallace-Wells 著，Penguin 出版，二〇一九年——關於氣候緊急狀況科學很簡短但非常清楚易懂的摘要。
- 《**野之生**》（**暫譯**，***Wilding***），Isabella Tree 著，Picador 出版，二〇一八年；《**土地治療師**》（**暫譯**，***Land Healer***），Jake Fiennes 著，BBC Books 出版，二〇二二年——兩本書都在講述英國農場重新出現生機的故事。
- 《**再生**》（***Regenesis***），George Monbiot 著，Penguin 出版，二〇二二年——關於我們如何改造農業並為自然創造空間的宣言。
- 《**編織聖草**》（***Braiding Sweetgrass***），Robin Wall Kimmerer 著，Milkweed Editions

出版，二〇一三年；Penguin 再版，二〇二〇年——富有詩意的回憶錄，闡述原住民智慧和植物的教導。

自然與氣候的實用指南

- **《為自然估價》（暫譯，*Valuing Nature*）**，William Ginn 著，Island Press 出版，二〇二〇年；**《自然投資小書》（暫譯，*The Little Book of Investing in Nature*）**，Global Canopy 出版，二〇二〇年——兩本談論投資自然的手冊，內容包含豐富的案例研究。
- **《可行的綠色成長》（暫譯，*Green Growth That Works*）**，Island Press 出版，二〇一九年——自然資本機制在政策和金融領域的指南。
- **《如何避免氣候災難》（*How to Avoid a Climate Disaster*）**，Bill Gates 著，Penguin 出版，二〇二一年——清晰易懂的地球脫碳基礎知識指南。
- **《再生：用一代人的努力終結氣候危機》（*Regeneration: Ending the Climate Crisis in One Generation*）**，Paul Hawken 著，Penguin 出版，二〇二一年——扭轉氣候變遷和生物多樣性喪失的一份行動方案。

註釋

第一章　為何談自然？為何現在談？

1. .Hausfather, Z. (2021). *State of the climate: 2020 ties as warmest year on record.* Carbon Brief. (Online) Available at: https://tinyurl.com/2p8m- jwt4 [Accessed: 15th July 2022]
2. Wallace-Wells, D. (2019). *The uninhabitable Earth: A story of the future.* London: Penguin UK.
3. Climate Action Tracker. (2022). *2100 warming projections* (Online) Available at: https://tinyurl.com/27n33f6h [Accessed: 15th July 2022]
4. World Commission on Environment and Development. (1987). *Our Common Future.* Oxford and New York: Oxford University Press.

第二章　氣候戰爭中的自然盟友

1. The Nature Conservancy. (2017). *Nature's make or break potential for climate change.* (Online) Available at: https://tinyurl.com/2mfyy5et [Accessed: 15th July 2022]
2. Global Carbon Project. (2021). *Supplemental data of global carbon budget 2021* (Version 1.0 Data set). (Online) Available at: https://tinyurl. com/39c8yhpm [Accessed: 15th July 2022]
3. Stephens, L., Fuller, D., Boivin, N., Rick, T., Gauthier, N., Kay, A., Marwick, B., Armstrong, C. G., Barton, C.

M., Denham, T., Douglass, K., Driver, J., Janz, L., Roberts, P., Rogers, J. D., Thakar, H., Altaweel, M., Johnson, A. L., Sampietro Vattuone, M. M., Aldenderfer, M., … Ellis, E. (2019). Archaeological assessment reveals Earth's early trans- formation through land use. *Science*, *365*(6456), pp.897–902. https://doi. org/10.1126/science.aax1192

4. WWF. (2018). Living planet report – 2018: Aiming higher. Grooten, M., & Almond, R.E.A. (Eds). Gland, Switzerland: WWF.
5. Conservation International. *A critical investment in ' blue carbon'.* (Online) Available at: https://tinyurl.com/yck7bz2b [Accessed: 15th July 2022]
6. CAIT data: Climate Watch. (2020). *GHG Emissions.* Washington, DC: World Resources Institute. (Online) Available at: https://tinyurl.com/ yc892kj4 [Accessed: 15th July 2022]
7. United Nations Environment Programme. (2015). The emissions gap report 2015. Nairobi: UNEP.
8. World Bank. *Carbon pricing dashboard.* (Online) Available at: https:// tinyurl.com/3byvapra [Accessed: 15th July 2022]
9. California Air Resources Board. (2021). *California's compliance offset program.* Government of California (Online) Available at: https:// tinyurl.com/5cfudmh8 [Accessed: 20th November 2022]
10. Conservation International. (2022). *Vida Manglar impact report*. (Online) Available at: https://tinyurl.com/4kf2h8nn [Accessed: 15th July 2022]
11. Chay, F., Cullenward, D., Hamman, J., & Freeman, J. (2021). *Insights fromanalyzinganewroundofcarbonremovalprojects*. CarbonPlan (Online) Available at: https://tinyurl.com/378zzaaa [Accessed: 11th November 2022]
12. Smith, B. (2020). *Microsoft will be carbon neutral by 2030.* Microsoft. (Online) Available at: https://tinyurl.com/5dzcxmex [Accessed: 11th November 2022]

13. Science Based Targets. *Companies taking action.* (Online) Available at: https://tinyurl.com/3u7py9rc [Accessed: 15th July 2022]
14. Microsoft. (2021). *Microsoft carbon removal: Lessons from an early corporate purchase.* (Online) Available at: https://tinyurl.com/442a9vzf [Accessed: 15th July 2022]

第三章　生態旅遊二三事

1. Weiss, T. (2004). Tourism in America before World War II, *The Journal of Economic History, 64*(2), pp.289–327.
2. Luckham, N. *Overtourism: A centuries-old issue.* Responsible Travel. (Online) Available at: https://tinyurl.com/bdfsxc9y [Accessed: 15th July 2022]
3. Budowski, G. (1976). Tourism and environmental conservation: conflict, coexistence, or symbiosis?, *Environmental Conservation*, *3* (1), pp.27–31.
4. IBIS World. (2021). *Global tourism – Market size statistics for global tourism.* (Online) Available at: https://tinyurl.com/3ex6ea7p [Accessed: 15th July 2022]
5. Lock, S. (2021). *Global tourism industry – statistics and facts.* Statista (Online) Available at: https://tinyurl.com/4udcufc4 [Accessed: 15th July 2022]
6. Karantzavelou, V. (2021). *Sustainable travel survey 2021 – 83% say sustainable travel is important.* Travel Daily News. (Online) Available at: https://tinyurl.com/3km8nu9h [Accessed: 15th July 2022]
7. Ecosystem Marketplace. (2021). *Voluntary carbon markets top $1 billion in 2021 with newly reported trades: A special ecosystem marketplace COP26 bulletin.* (Online) Available at: https://tinyurl.com/2p84579k [Accessed: 15th July 2022]

8. IPBES. (2022). *Summary for policymakers of the thematic assessment of the sustainable use of wild species of the Intergovernmental Science-Policy Platform on Biodiversity and Ecosystem Services.* J.-M. Fromentin, M.R. Emery, J. Donaldson, M.-C. Danner, A. Hallosserie, D. Kieling, G. Balachander, E. Barron, R.P. Chaudhary, M. Gasalla, M. Halmy, C. Hicks, M.S. Park, B. Parlee, J. Rice, T. Ticktin, & D. Tittensor (Eds). Bonn, Germany: IPBES secretariat. (Online) Available at: https://doi. org/10.5281/zenodo.6425599 [Accessed: 15th July 2022]
9. World Travel and Tourism Council. (2019). *The economic impact of global wildlife tourism. Travel & tourism as an economic tool for the protection of wildlife.* (Online) Available at: https://tinyurl.com/fv34c9ym [Accessed: 15th July 2022]
10. Brunnschweiler, J.M., & Barnett, A. (2013). Opportunistic visitors: Long-term behavioural response of bull sharks to food provisioning in Fiji. *PLOS ONE*, *8*(3), e58522. https://doi.org/10.1371/journal. pone.0058522
11. Friedlander, A.M., Golbuu, Y., Ballesteros, E., Caselle, J.E., Gouezo, M., Olsudong, D., & Sala, E. (2017). Size, age, and habitat determine effec- tiveness of Palau's Marine Protected Areas. *PLOS ONE*, *12*(3), e0174787. https://doi.org/10.1371/journal.pone.0174787
12. Organization for Economic Co-operation and Development. (OECD). (2019). *Biodiversity: Finance and the economic and business case for action, report prepared for the G7 Environment Ministers' Meeting, 5-6 May 2019.*
13. Fennell, D. (2008). *Ecotourism.* (3rd ed.) New York: Routledge.
14. Buckley, R.(2010). *Conservation tourism*. Wallingford: CABInternational.
15. Buckley, R.C., Castley, J.G., Pegas, F.D.V., Mossaz, A.C., & Steven, R. (2012). A population accounting approach to assess tourism contributions to conservation of IUCN-redlisted mammal species, *PLOS ONE, 7*(9). e44134. https://doi.org/10.1371/journal.pone.0044134

16. Buckley, R. C., Morrison, C., & Castley, J. G. (2016). Net effects of ecotourism on threatened species survival, *PLOS ONE*, *11*(2). e0147988. https://doi.org/10.1371/journal.pone.0147988

17. Bookbinder, M.P., Dinerstein, E., Rijal, A., Cauley, H. and Rajouria, A., 1998. Ecotourism's support of biodiversity conservation. *Conservation biology*, 12(6), pp.1399–1404.

18. Long, G. (2022). Venezuela's environmental crisis: 'The beginning of a wave of destruction'. *Financial Times*. (Online) Available at: https:// tinyurl.com/mrybfdsj [Accessed: 15th July 2022]

19. Rogers, P., & van Strien, M. (2022). *Promoting the business of conservation tourism in Southeast Asia.* Mandai Nature. (Online) Available at: https:// tinyurl.com/2p8dxs42 [Accessed: 15th July 2022]

20. Mosher, L. (2020). *Blue habits phase 2 wrap-up: Driving behaviour change through nature travel.* Oceanic Society. (Online) Available at: https:// tinyurl.com/57s864jh [Accessed: 15th July 2022]

21. Brandon, K. (1996). Ecotourism and conservation: A review of key issues. *Environment Department Papers No. 033.* Washington, DC: World Bank.

22. Vianna, G.M.S., Meekan, M.G., Pannell, D., Marsh, S., & Meeuwig, J.J. (2010). WANTED DEAD OR ALIVE? The relative value of reef sharks as a fishery and an ecotourism asset in Palau. Perth, Australia: Australian Institute of Marine Science.

23. Duffy, R. (2015). Nature-based tourism and neoliberalism: Con- cealing contradictions. *Tourism Geographies*, 17(4), 529-543. DOI 10.1080/14616688.2015.1053972

第四章 野化與再生

1. Barkham, P. (2020). First wild stork chicks to hatch in UK in centuries poised to emerge. *The Guardian*. (Online). Available at: https://tinyurl. com/3sku6cr5 [Accessed: 15th July 2022]

2. Beaver Trust. (2020). *A tale of two beavers: At Knepp estate.* (Online) Available at: https://tinyurl.com/3f7tjye4 [Accessed: 15th July 2022]
3. Soil Health Institute. (2021). *Economics of soil health systems in midwest corn and soy.* (Online) Available at: https://tinyurl.com/3s29wcdy [Accessed: 15th July 2022]
4. Montanarella, L., Badraoui, M., Chude, V., Costa, I.D.S.B., Mamo, T., Yemefack, M., Aulang, M.S., Yagi, K., Hong, S.Y., Vijarnsorn, P., & Zhang, G.L. (2015). Status of the world's soil resources: main report. *Embrapa Solos-Livro científico (ALICE).*
5. Sanderman, J., Hengl, T., & Fiske, G. J. (2017). Soil carbon debt of 12,000 years of human land use. *Proceedings of the National Academy of Sciences*, *114* (36). pp.9575–9580. DOI 10.1073/pnas.1706103114
6. Ellen Macarthur Foundation. Regenerating an ecosystem to grow organic sugar: The Balbo Group. (Online) Available at: https://tinyurl. com/2ycr92u9 [Accessed: 15th July 2022]
7. Donovan, M. (2020). *Whatissustainable intensification?* The International Maize and Wheat Improvement Centre. (Online) Available at: https:// tinyurl.com/3cykpcs3 [Accessed: 15th July 2022]
8. Australian Centre for International Agricultural Research. *Achieving sustainable agricultural intensification in eastern and southern Africa: What is needed?* Australian Government (Online) Available at: https://tinyurl.com/yy64udhf [Accessed: 15th July 2022]
9. Burgess, P.J., Harris, J., Graves, A.R., & Deeks, L.K. (2019). Regenerative agriculture: Identifying the impact; enabling the poten- tial. Report for SYSTEMIQ.
10. Food and Agriculture Organisation of the United Nations. (2020). *Global meat production, 1961 to 2018.* (Online) Available at: https:// tinyurl.com/28dwmuvs [Accessed: 15th July 2022]
11. Cassidy, E.S., West, P.C., Gerber, J.S., & Foley, J.A. (2013). Redefining agricultural yields: From tonnes

to people nourished per hectare. *Environmental Research Letters*, *8* (3). p.034015. DOI 10.1088/1748-9326/8/3/034015

12. Marchant, N. (2021). *The world's food waste problem is bigger than we thought – here's what we can do about it.* World Economic Forum. (Online) Available at: https://tinyurl.com/4pvyjs7f [Accessed: 15th July 2022]
13. Sun, Z., Scherer, L., Tukker, A., Spawn-Lee, S.A., Bruckner, M., Gibbs, H.K., & Behrens, P. (2022). Dietary change in high-income nations alone can lead to substantial double climate dividend. *Nature Food*, 3 (1), pp.29–37. DOI 10.1038/s43016-021-00431-5
14. Impossible Burger. (2019). *Impossible Burger Environmental Life Cycle Assessment 2019*. (Online) Available at: https://tinyurl.com/529za8yp [Accessed: 15th July 2022]
15. Tree, I. (2018). *Wilding: The return of nature to a British farm*. London: Picador.
16. McGinnis, M. (2018). *Over half of U.S. farms lose money, USDA study shows*. Agriculture.com. (Online) Available at: https://tinyurl.com/ bdd7mmdm [Accessed: 15th July 2022]
17. Sengupta, R. (2020). Every day, 28 people dependent on farming die by suicide in India. *DownToEarth*. (Online) Available at: https://tinyurl. com/2zswxyp2 [Accessed: 15th July 2022]
18. Chenery, S., & Gorman, V. (2020). *How the regenerative farming movement transformed Charles Massy's sheep station.* ABC News. (Online) Available at: https://tinyurl.com/bdc9truh [Accessed: 15th July 2022]
19. Massy, C. (2017). *Call of the reed warbler: A new agriculture – a new Earth.* Brisbane: University of Queensland Press.
20. McMahon, P. (2016). The investment case for ecological farming. Australia: *SLM Partners.*
21. Land O'Lakes, Inc. (2022). *Truterra Carbon Programs Frequently Asked Questions*. (Online) Available at: https://tinyurl.com/y4hb8va2 [Accessed: 15th July 2022]

22. Abram, M. (2021). How a carbon payments scheme will work for 100 UK farmers. *Farmers Weekly.* (Online) Available at: https://tinyurl. com/568t4aha [Accessed: 15th July 2022]
23. Slessarev, E., Zelikova, J., Hamman, J., Cullenward, D., & Freeman, J. (2021). Depth matters for soil carbon accounting. *CarbonPlan.* (Online) Available at: https://tinyurl.com/n8tfcxcy [Accessed: 15th July 2022]
24. Danone. (2021). *Regenerative agriculture: Developing new agricultural models to regenerate the planet.* (Online) Available at: https://tinyurl. com/8kw3p6vm [Accessed: 15th July 2022]
25. Newton, P., Civita, N., Frankel-Goldwater, L., Bartel, K., & Johns, C. (2020). What is regenerative agriculture? A review of scholar and practitioner definitions based on processes and outcomes. *Frontiers in Sustainable Food Systems*, *4*. p.194. DOI 10.3389/fsufs.2020.577723
26. Harvey, F. (2019). Can we ditch intensive farming – and still feed the world? *The Guardian.* (Online) Available at: https://tinyurl.com/ kfv89cns [Accessed: 15th July 2022]
27. Department for Environment, Food and Rural Affairs (DEFRA). Get ready for our 3 new environment management schemes. UK Government website (online). Available at: https://tinyurl.com/bdchfw43 [Accessed 31st January 2023]

第五章 都市叢林

1. Ministry of the Environment and Water Resources, Ministry of National Development. (2016). *Singapore's climate action plan: A climate-resilient Singapore, for a sustainable future.* Government of Singapore. (Online) Available at: https://tinyurl.com/3yz9aema [Accessed: 15th July 2022]
2. Joson, J. (2022). *How Singapore is pioneering the way to creating a greener urban environment.* Arch Daily. (Online) Available at: https://tinyurl. com/52xszwtr [Accessed: 15th July 2022]

3. Seng, L. T. (2012). From botanic gardens to gardens by the Bay: Singapore's experience in becoming a garden city. *BiblioAsia, 8(2).* (Online) Available at: https://tinyurl.com/2xxkfuc9 [Accessed: 15th July 2022]
4. United States Environmental Protection Agency. *Different Shades of Green. Green Infrastructure Research at the Environment Protection Agency* [Brochure]. (Online) Available at: https://tinyurl.com/2cpp62xc [Accessed: 15th July 2022]
5. European Environment Agency. (2021). *What is green infrastructure?* (Online) Available at: https://tinyurl.com/2daarv6z [Accessed: 15th July 2022]
6. Lim, M., & Xenarios, S. (2021). Economic assessment of urban space and blue–green infrastructure in Singapore. *Journal of Urban Ecology*, *7*(1). DOI 10.1093/jue/juab020
7. Dreiseitl, H., Leonardsen, J.A., & Wanschura, B. (2015). Cost-benefit analysis of Bishan-AMK Park.
8. Bass, B., Krayenhoff, E. S., Martilli, A., Stull, R. B., & Auld, H. (2003). The impact of green roofs on Toronto's urban heat island. In *Proceedings of the first North American green roof infrastructure conference, awards and trade show: greening rooftops for sustainable communities.* Canada.
9. Ramboll Group, C40 Cities. (2020). Heat resilient cities: Measuring benefits of urban heat adaptation. Case study: Medellín green corri- dors.
10. Killicoat, P., Puzio, E., & Stringer, R. (2002). The economic value of trees in urban areas: Estimating the benefits of Adelaide's street trees. In *Proceedings Treenet Symposium*: *Vol. 94*, (p.106).
11. McDonald, R., Kroeger, T., Boucher, T., Wang, L., & Salem, R. (2016). Planting healthy air: A global analysis of the role of urban trees in addressing particulate matter pollution and extreme heat. *The Nature Conservancy.* (Online) Available at: https://tinyurl.com/yv2rwb5w [Accessed: 15th July 2022]
12. Vivid Economics. (2017). Natural capital accounts for public green space in London. *Report prepared for*

Greater London Authority, National Trust and Heritage Lottery Fund. (Online) Available at: https://tinyurl.com/2p8nkj5a [Accessed: 15th July 2022]

13. Are you being served? (2005). *The Economist* (Online) Available at: https://tinyurl.com/36cyjj5v [Accessed: 15th July 2022]
14. Appleton, A.F. (2002). How New York City used an ecosystem services strategy carried out through an urban–rural partnership to preserve the pristine quality of its drinking water and save billions of dollars and what lessons it teaches about using ecosystem services. In *The Katoomba Conference*. New York City.
15. Temmerman, S., Meire, P., Bouma, T.J., Herman, P.M., Ysebaert, T., & De Vriend, H.J. (2013). Ecosystem-based coastal defence in the face of global change. *Nature*, *504*(7478), pp.79–83. DOI 10.1038/nature12859
16. Menéndez, P., Losada, I.J., Torres-Ortega, S., Narayan, S., & Beck, M.W. (2020). The global flood protection benefits of mangroves. *Scientific reports*, *10*(1), pp.1–11. DOI 10.1038/s41598-020-61136-6
17. Global Commission on Adaptation. (2019). Adapt now: A global call for leadership on climate resilience. Washington, DC: World Resources Institute. (Online) Available at: https://tinyurl.com/34yeyucx [Accessed: 15th July 2022]
18. Earth Security. (2021). *The investment value of nature: The case of Zephyr Power Limited.* (Online) Available at: https://tinyurl.com/bdw483rv [Accessed: 30th Aug 2022]
19. Perur, S. (2016). Story of cities #11: the reclamation of Mumbai – from the sea, and its people? *The Guardian.* (Online) Available at: https:// tinyurl.com/mtnakf24 [Accessed: 15th July 2022]
20. Fernandes, S., & Chatterjee, B. (2017). World environment day: Mumbai lost 60% of its green cover in 40 years. *Hindustan Times.* (Online) Available at: https://tinyurl.com/bddu6azf [Accessed: 15th July 2022]
21. Rawoot, S., Wescoat Jr., J. L., Noiva, K., & Marks, A. (2015). *Mumbai Case Study. Product of research on*

'Enhancing Blue–Green Environmental and Social Performance in High Density Urban Environments'. Ramboll Group. (Online) Available at: https://tinyurl.com/vrucffrs [Accessed: 15th July 2022]

22. Mumbai Climate Action Plan. (2022). *Climate action plan: Towards a climate resilient Mumbai. Summary for policymakers.* (Online) Available at: https://tinyurl.com/4mjwatj5 [Accessed: 15th July 2022]

23. C40 Cities. (2021). *31 mayors introduce even more trees, parks and green space in cities to save lives and tackle the climate crisis* [Press release*]*. (Online) Available at: https://tinyurl.com/2p9fc63t [Accessed: 15th July 2022]

24. Channel 4 (2021) 'Freetown to Treetown' – mayor outlines plan to plant a million trees. (Online) Available at: https://tinyurl.com/em3mxxfv [Accessed 27th November 2022]

25. Ertan, S., & Çelik, R.N. (2021). The assessment of urbanization effect and sustainable drainage solutions on flood hazard by GIS. *Sustainability*, *13*(4), p.2293. DOI 10.3390/su13042293

26. University of New Hampshire. *Overcoming barriers to green infrastruc- ture* [Fact sheet]. Green Infrastructure for New Hampshire Coastal Communities. (Online) Available at: https://tinyurl.com/mpa75s65 [Accessed: 15th July 2022]

27. Kabisch, N., Frantzeskaki, N., Pauleit, S., Naumann, S., Davis, M., Artmann, M., Haase, D., Knapp, S., Korn, H., Stadler, J., & Zaunberger, K. (2016). Nature-based solutions to climate change mitigation and adaptation in urban areas: Perspectives on indicators, knowledge gaps, barriers, and opportunities for action. *Ecology and Society*, *21*(2). DOI 10.5751/ES-08373-210239

28. Seddon, N., Chausson, A., Berry, P., Girardin, C.A., Smith, A., & Turner, B. (2020). Understanding the value and limits of nature-based solutions to climate change and other global challenges. *Philosophical Transactions of the Royal Society B*, *375*(1794), p.20190120. DOI 10.1098/ rstb.2019.0120

29. Mačiulytė, E., & Durieux, E. (2020). Public procurement of nature- based solutions: Addressing barriers to the procurement of urban NBS: case studies and recommendations. *Directorate-General for Research and Innovation (European Commission).* (Online) Available at: https:// tinyurl.com/yttx7zyf [Accessed: 15th July 2022]
30. Nature for Water Facility. (2022). *The Nature for Water Facility: Local solutions, global impact.* (Online) Available at: https://tinyurl.com/33tsh- tu6 [Accessed: 15th July 2022]
31. European Commission (2020) *Public Procurement of Nature-based Solutions. Addressing barriers to the procurement of urban NBS: case studies and recommendations* (Online) Available at: https://tinyurl.com/c9ahythh [Accessed: 27th November 2022]
32. Poon, L. (2021). *The U.S. Neighborhoods With the Greatest Tree Inequity, Mapped* Bloomberg (Online) Available at: https://tinyurl.com/2casfux2 [Accessed: 27th November 2022]
33. De Zylva, P., Gordon-Smith, C., & Childs, M. (2020). *England's green space gap*. Friends of the Earth (Online) Available at: https://tinyurl. com/yb5zmzz8 [Accessed: 27th November 2022]

第六章 自然資本：一種架構

1. Bose, S., Dong, G., & Simpson, A. (2019). *The financial ecosystem: The role of finance in achieving sustainability*. (pp.19–46). Cham, Switzerland: Palgrave Macmillan.
2. Natural Capital Forum. *What is natural capital? (*Online) Available at: https://tinyurl.com/m7ysbsbk [Accessed: 15th July2022]
3. Natural Capital Committee. (2019). *Natural capital terminology.* (Online) Available at: https://tinyurl.com/yemhcnn4 [Accessed: 15th July 2022]

4. IPBES. (2019). Global assessment report on biodiversity and ecosystem servicesofthe Intergovernmental Science-Policy Platformon Biodiversity and Ecosystem Services (Version 1). E. S. Brondizio, J. Settele, S. Díaz, & H. T. Ngo (Eds). IPBES Secretariat, Bonn, Germany. (Online) Available at: https://doi.org/10.5281/zenodo.6417333 [Accessed: 15th July 2022]
5. IPBES. (2022). *Summary for policymakers of the thematic assessment of the sustainable use of wild species of the Intergovernmental Science-Policy Platform on Biodiversity and Ecosystem Services.* J.-M. Fromentin, M.R. Emery, J. Donaldson, M.-C. Danner, A. Hallosserie, D. Kieling, G. Balachander, E. Barron, R.P. Chaudhary, M. Gasalla, M. Halmy, C. Hicks, M.S. Park, B. Parlee, J. Rice, T. Ticktin, &. D. Tittensor (eds). IPBES secretariat, Bonn, Germany. (Online) Available at: https://doi. org/10.5281/zenodo.6425599 [Accessed: 15th July 2022]
6. United States Forest Service. *Medicinal Botany.* United States Department for Agriculture. (Online) Available at: https://tinyurl. com/5xedkc2t [Accessed: 15th July 2022]
7. Bishop, J., Brink, P.T., Gundimeda, H., Kumar, P., Nesshöver, C., Schröter- Schlaack, C., Simmons, B., Sukhdev, P. & Wittmer, H. (2010). Th economics of ecosystems and biodiversity: Mainstreaming the economics of nature: A synthesis of the approach, conclusions and recommendations of TEEB. (No. 333.95 E19). Geneva, Switzerland: UNEP.
8. National Science Foundation. (2021). *Economic value of insect pollination services in US much higher than thought, study finds*. (Online) Available at: https://tinyurl.com/y7m46es8 [Accessed: 15th July 2022]
9. Taskforce on Nature Markets. (2022). Nature in an era of crises. (Online) Available at: https://tinyurl.com/mrycpd9b [Accessed: 28th September 2022]
10. Taskforce on Nature Markets. (2022). Nature in an era of crises. (Online) Available at: https://tinyurl.com/mrycpd9b [Accessed: 28th September 2022]

11. Costanza, R., d'Arge, R., De Groot, R., Farber, S., Grasso, M., Hannon, B., Limburg, K., Naeem, S., O'neill, R.V., Paruelo, J., & Raskin, R.G. (1997). The value of the world's ecosystem services and natural capital. *Nature, 387*(6630), pp.253–260.
12. International Monetary Fund. (2021). World Economic Outlook Database. *World Economic and Financial Surveys.*
13. Phillips, J. (2017). Principles of natural capital accounting. *Office for National Statistics.*
14. Dasgupta, P. (2021). The economics of biodiversity: The Dasgupta review. London: HM Treasury.
15. The White House. (2022). *A new national strategy to reflect natural assets on America's balance sheet*. (Online) Available at: https://tinyurl.com/ j6rdz7zt [Accessed: 27th November 2022]
16. Claes, J., Eren, I., Hopman, E., Katz, J., & Van Aken, T. (2022). *Where the world's largest companies stand on nature.* McKinsey Sustainability. Available at: https://tinyurl.com/ykx5xuy9 [Accessed: 28th September 2022]
17. Taskforce on Nature-related Financial Disclosures. *About.* (Online) Available at: https://tinyurl.com/5y2adp3f [Accessed: 15th July 2022]
18. Spurgeon, J., Clarke, P., & Hime, S. (2021). *Principles of integrated capitals assessments.* Capitals Coalition (Online) Available at: https:// tinyurl.com/2jcsaaw2 [Accessed: 15th July 2022]
19. Bayon, R., Carroll, N., & Fox, J. (2012). Conservation and biodiversity banking: A guide to setting up and running biodiversity credit trading systems. Earthscan.
20. CIEEM. *Biodiversity net gain – principles and guidance for UK construction and developments.* (Online) Available at: https://tinyurl.com/dsx2xu7r [Accessed: 15th July 2022]
21. Paulson Institute. Financing Nature: Closing the Global Biodiversity Financing Gap. (Online) Available at: https://tinyurl.com/urfz272s [Accessed: 15th July 2022]

22. Ducros, A. and Steele, P. (2022) Biocredits to finance nature and people. International Institute for Environment and Development and United Nation Development Programme (Online) Available at: https://tinyurl.com/2p8z793j [Accessed 7th December 2022]
23. Operation Wallacea. *Biodiversity credits.* (Online) Available at: https:// tinyurl.com/5ymjukrm [Accessed: 15th July 2022]
24. Monbiot, G. (2014). *The pricing of everything.* Monbiot.com (Online) Available at: https://tinyurl.com/9d39nu5n [Accessed: 15th July 2022]
25. Monbiot, G. (2018). The UK government wants to put a price on nature – but that will destroy it. *The Guardian.* (Online) Available at: https:// tinyurl.com/3sdu6cdj [Accessed: 15th July 2022]
26. Büscher, B. and Fletcher, R. (2016). *Nature is priceless, which is why turning it into 'natural capital' is wrong.* The Conversation. (Online) Available at: https://tinyurl.com/3b8unh3h [Accessed: 15th July 2022]
27. Lewsey, F. *Dasgupta Review: Nature's value must be at the heart of econom- ics.* University of Cambridge. (Online) Available at: https://tinyurl. com/3x3tkakf [Accessed: 11th November 2022]

第七章 科技 × 自然

1. The Harvard Animal Landscape Observatory. *Harvard University Davies Lab technology.* (Online) Available at: https://tinyurl.com/2p- 8jvzcc [Accessed: 15th July 2022]
2. Pennisi, E. (2021). Getting the big picture of biodiversity. *Science, 374*(6750), pp.926–931. DOI 10.1126/science.acx9637
3. World Resources Institute, Google. Dynamic World V1. (2022). *Earth engine data catalog.* (Online) Available at: https://tinyurl.com/c8hmye3c [Accessed: 15th July 2022]

4. Global Forest Watch. *About.* (Online) Available at: https://tinyurl.com/ f8knvjmd [Accessed: 15th July 2022]
5. Conservation X Labs. *The Sentinel.* (Online) Available at: https:// tinyurl.com/bdhfm9ws [Accessed: 15th July 2022]
6. Lynggaard, C., Bertelsen, M.F., Jensen, C.V., Johnson, M.S., Frøslev, T.G., Olsen, M.T., & Bohmann, K. (2022). Airborne environmental DNA for terrestrial vertebrate community monitoring. *Current Biology, 32*(3), pp.701–707. DOI 10.1016/j. cub.2021.12.014
7. Wetterstrand, K. A. *DNA sequencing costs: Data from the NHGRI genome sequencing program*. National Human Genome Research Institute. (Online) Available at: https://tinyurl.com/4nmm5w34 [Accessed: 15th July 2022]
8. Metinko, C. (2022). Funding starts to cascade into Web3 startups. *Crunchbase News.* (Online) Available at: https://tinyurl.com/2p8e6r8n [Accessed: 15th July 2022]
9. Zou, K., & Purdom. S. (2022). IPCC 6: Running out of time #97. *Climate Tech VC.*
10. Badgley, G., & Cullenward, D. (2022). *Zombies on the blockchain.* CarbonPlan (Online) Available at: https:// tinyurl.com/mv8wdb39 [Accessed: 15th November 2022]
11. Rockefeller Philanthropy Advisors and Campden Wealth. (2020). *Global trends and strategic time horizons in family philanthropy 2020.* (Online) Available at: https://tinyurl.com/mucd3emm [Accessed: 15th July 2022]
12. Moss. Moss's Amazon NFT. (Online) Available at: https://tinyurl.com/ yktw8yps [Accessed: 15th July 2022]

第八章 金融滅火術

1. United States Forest Service. (2015). *The rising cost of wildfire operations: Effects on the Forest Service's non-fire work.* United States Department of Agriculture. (Online) Available at: https://tinyurl.com/3vn94rrh

[Accessed: 15th July 2022]

2. United States Department of Agriculture. (2017). *Forest service wildland fire suppression costs exceed $2 billion* [Press release]. (Online) Available at: https://tinyurl.com/2p9h3dum [Accessed: 15th July 2022]
3. Deutz, A., Heal, G. M., Niu, R., Swanson, E., Townshend, T., Zhu, L., Delmar, A., Meghji, A., Sethi, S. A., & Tobin-de la Puente, J. (2020). Financing nature: Closing the global biodiversity financing gap. *The Paulson Institute, The Nature Conservancy, and the Cornell Atkinson Center for Sustainability.*
4. Martin, B. (2018). *Insuring coral reefs in Mexico.* Green Economy Coalition. (Online) Available at: https://tinyurl.com/2hsxck2h [Accessed: 15th July 2022]
5. Smith, M. (2021). How insurance is protecting the mesoamerican reef. *Scuba Diving.* (Online) Available at: https://tinyurl.com/2s4drcfm [Accessed: 15th July 2022]
6. Berg, C., Bertolotti, L., Bieri, T., Bowman, J., Braun, R., Cardillo, J., Chaudhury, M., Falinski, K., Geselbracht, L., Hum, K., Lustic, C., Roberts, E., Young, S., & Way, M. (2020). *Insurance for natural infrastructure: Assessing the feasibility of insuring coral reefs in Florida and Hawai' i.* Arlington, VA: The Nature Conservancy.
7. World Bank. (2022). *Insuring nature's survival: The role of insurance in meeting the financial need to preserve biodiversity.* Washington, DC: World Bank.
8. World Bank. (2022). *Wildlife conservation bond boosts South Africa's efforts to protect black rhinos and support local communities* [Press release]. (Online) Available at: https://tinyurl.com/3sa6vjn5 [Accessed: 15th July 2022]
9. Bala, A. R., Behsudi, A., & Owen, N. (2022). Meeting the future. *Finance & Development, 59*(001).
10. Ministerio de Hacienda. (2022). *Chile makes a historic issue for US$ 2,000 million and becomes the first*

country to issue a bond linked to sustain- ability. Government of Chile. (Online) Available at: https://tinyurl.com/2n76ac3s [Accessed: 15th July 2022]

11. Beattie, A. (2021). What Was the First Company to Issue Stock? *Investopedia.* (Online) Available at: https://tinyurl.com/3cedsm8y [Accessed: 15th July 2022]

第九章 原住民的自然觀

1. Rundle, H. (2019). Indigenous knowledge can help solve the biodi- versity crisis. *Scientific American*. (Online) Available at: https://tinyurl. com/3sapejmz [Accessed: 15th July 2022]
2. Jones, B. (2021). *Indigenous people are the world's biggest conservationists, but they rarely get credit for it.* Vox. (Online) Available at: https://tinyurl. com/4aumhy49 [Accessed: 15th July 2022]
3. Morrison, S., & Morrison, S. (2021). Why referring to New Zealand as Aotearoa is a meaningful step for travelers. *Condé Nast Traveler.* (Online) Available at: https://tinyurl.com/bdej5236 [Accessed: 15th July 2022]
4. Fyers, A. (2018). The amount allocated to Treaty of Waitangi settle- ments is tiny, compared with other Government spending. *Stuff* (Online) Available at: https://tinyurl.com/mr3z4c8f [Accessed: 15th July 2022]
5. Galbreath, R., & Brown, D. (2004). The tale of the lighthouse-keeper's cat: Discovery and extinction of the Stephens Island wren (Traversia lyalli). *Notornis*, *51*(4), pp.193–200.
6. Low, A., & Taylor, L. (2017). Waikawa Bay marina extension – Kaimoana management plan. *Mitchell Daysh Limited.*
7. Taiepa, T., Lyver, P., Horsley, P., Davis, J., Brag, M., & Moller, H. (1997). Co-management of New Zealand's conservation estate by M ori and Pakeha: A review. *Environmental conservation*, *24*(3), pp.236–250. DOI 10.1017/S0376892997000325

8. Taiepa, T., Lyver, P., Horsley, P., Davis, J., Brag, M., & Moller, H. (1997). Co-management of New Zealand's conservation estate by M ori and Pakeha: A review. Environmental conservation, 24(3), pp.236–250.

9. New Zealand Department of Conservation. (1996). Tiritiri Matangi island. In *Ecosystem restoration on mainland New Zealand.* Government of New Zealand (Online) Available at: https://tinyurl.com/2ejfy87a [Accessed: 15th July 2022]

10. Fisher, D. (2022). 'We do not want to stand by': Prime Minister Jacinda Ardern's Waitangi speech and Covid response for M ori. *New Zealand Herald.* (Online) Available at: https://tinyurl.com/3c3jypmf [Accessed: 15th July 2022]

11. Gammage, B. (2011). *The biggest estate on Earth: How Aborigines made Australia.* Crow's Nest, NSW: Allen and Unwin.

12. Mallapaty, S. (2021). Australian bush fires belched out immense quanti- ty of carbon. *Nature*, *597*(7877), pp.459–460.

13. Vernick, D. (2020). *3 billion animals harmed by Australia's fires.* WWF. (Online) Available at: https://tinyurl.com/2p92rw55 [Accessed: 15th July 2022]

14. Shapiro, H. (2019). Ending Adivasi eviction: Protecting the forest by protecting land rights. *The Cornell Diplomat.* (Online) Available at: https://tinyurl.com/4jp24k3d [Accessed: 15th July 2022]

15. Godio, M. J., Chepkorir, M., Kitelo, P., & Kimaiyo, E. (2020). *Kenya case study: Forced evictions in the middle of COVID-19 pandemic leaves Sengwer community with no homes.* Forest Peoples Programme. (Online) Available at: https://tinyurl.com/y9kd65w7 [Accessed:15th July 2022]

16. McQue, K. (2022). Tanzania's Maasai appeal to west to stop eviction for conservation plans. *The Guardian.* (Online) Available at: https://tinyurl. com/a2h6hxxj [Accessed: 15th July 2022]

17. The Uluru Statement. (2017). *The Uluru statement from the heart.* (Online) Available at: https://tinyurl.com/me8djrkj [Accessed: 15th July 2022]
18. United Nations Environment Programme. (2017). *Indigenous people and nature: A tradition of conservation.* (Online) Available at: https://tinyurl. com/588enj5r [Accessed: 15th July 2022]
19. Veit, P., & Ding, H. (2016). *Protecting indigenous land rights makes good economic sense.* World Resources Institute. (Online) Available at: https:// tinyurl.com/4rvr27xy [Accessed: 15th July 2022]
20. Alves-Pinto, H.N., Cordeiro, C.L., Geldmann, J., Jonas, H.D., Gaiarsa, M.P., Balmford, A., Watson, J.E., Latawiec, A.E.,& Strassburg, B.(2022). The role of different governance regimes in reducing native vegetation conversion and promoting regrowth in the Brazilian Amazon. *Biological Conservation*, *267*, p.109473. DOI 10.1016/j.biocon.2022.109473
21. Baragwanath, K., & Bayi, E. (2020). Collective property rights reduce deforestation in the Brazilian Amazon. *Proceedings of the National Academy of Sciences, 117(34)*, p.20495. DOI 10.1073/pnas.191787411
22. Nia Tero. *Stories of action and ingenuity from around the globe.* (Online) Available at: https://tinyurl.com/4rpna62c [Accessed: 15th July 2022]
23. Schroeder, D., Chennells, R., Louw, C., Snyders, L., & Hodges, T. (2020). The Rooibos benefit sharing agreement – Breaking new ground with respect, honesty, fairness, and care. *Cambridge Quarterly of Healthcare Ethics*, *29*(2), pp.285–301. DOI 10.1017/S0963180119001075
24. Roy, E. A. (2017). New Zealand river granted same legal rights as human being. *The Guardian.* (Online) Available at: https://tinyurl.com/ yx5x3xn6 [Accessed: 15th July 2022]
25. Surma, K. (2021). *Ecuador's high court affirms constitutional protections for the rights of nature in a landmark decision.* Inside Climate News. (Online) Available at: https://tinyurl.com/yckjwss2 [Accessed: 15th July 2022]

26. Safi, M. (2017). Ganges and Yamuna rivers granted same legal rights as human beings. *The Guardian.* (Online) Available at: https://tinyurl. com/335mp5zj [Accessed: 15th July 2022]
27. *India's Ganges and Yamuna rivers are 'not living entities'.* (2017.) BBC News. (Online) Available at: https://tinyurl.com/ycx934d7 [Accessed: 15th July 2022]
28. Nelson, R. (2020). *Make prayers to the raven: A Koyukon view of the Northern Forest.* Chicago, IL: University of Chicago Press.

結論

1. Goodall, J. (2004). *Reason for hope: An extraordinary life*. Hachette.

國家圖書館出版品預行編目(CIP)資料

自然資本經濟學：建立與自然共好的商業模式與創新解方 / 希達斯．施里坎特 (Siddarth Shrikanth) 著；賴彥如譯．-- 初版．-- 新北市：日出出版：大雁出版基地發行，2025.02

320 面；14.8*20.9　公分

譯　自：The case for nature : pioneering solutions for the other planetary crisis.

ISBN 978-626-7568-58-3(平裝)

1.CST: 環境經濟學 2.CST: 綠色經濟 3.CST: 永續發展

550.16367　　114000782

自然資本經濟學

建立與自然共好的商業模式與創新解方學

作　　者　希達斯．施里坎特（Siddarth Shrikanth）
譯　　者　賴彥如
責任編輯　李明瑾
封面設計　張　巖
內頁排版　陳佩君
發 行 人　蘇拾平
總 編 輯　蘇拾平
副總編輯　王辰元
資深主編　夏于翔
主　　編　李明瑾
行　　銷　廖倚萱
業　　務　王綬晨、邱紹溢、劉文雅
出　　版　日出出版
發　　行　大雁文化事業股份有限公司
　　　　　地址：新北市新店區北新路三段 207-3 號 5 樓
　　　　　電話：（02）8913-1005　傳真：（02）8913-1056
　　　　　劃撥帳號：19983379 戶名：大雁文化事業股份有限公司
初版一刷　2025 年 2 月
定　　價　599 元

ISBN 978-626-7568-58-3